Korb-Design

Billie Ruth Sudduth

: Haupt

«Körbe zählten immer zu den kurzlebigeren kunsthandwerklichen Produkten. Und tatsächlich haben, ganz im Gegensatz etwa zu Keramik, nur sehr wenige wirklich alte Körbe die Zeiten überdauert. Aber aufgrund des Fortbestehens der Traditionen und der Beibehaltung alter Techniken und Formen hat sich das Korbflechterhandwerk so gut wie gar nicht verändert, und auf diese Weise konnten Körbe all den Bedrohungen widerstehen, denen sie so leicht ausgesetzt sind: Feuchtigkeit und Hitze, Feuer und Fäulnis, Insekten und Abnutzung. Auch wenn die Lebensdauer eines Korbes nur kurz ist – es wird ein anderer an seine Stelle treten. Körbe sind immer und immer wieder ersetzt worden durch andere in gleicher Form, ohne Veränderungen, Verbesserungen oder Abwandlungen. Auf diese Weise haben Körbe über die Jahrhunderte hinweg eine bemerkenswerte Dauerhaftigkeit bewiesen, und sie sind in ihrer unwandelbaren Frische erstaunliche Zeugnisse der Vergangenheit.»

Ed Rossbach in **«The Nature of Basketry»**

Korb-Design

Inspirationen und Projekte

Billie Ruth Sudduth

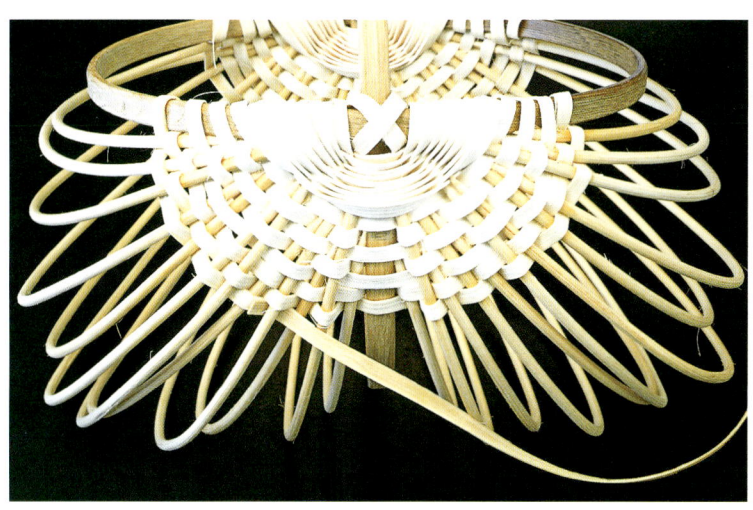

Verlag Paul Haupt
Bern · Stuttgart · Wien

Titel der amerikanischen Originalausgabe:
Baskets - A Book for Makers and Collectors
von Billie Ruth Sudduth

Copyright © 1999 by Hand Books Press, Madison, Wisconsin, USA
Fotos (soweit nicht anders vermerkt): Robert Chiarito (Schritt-für-Schritt-Anleitungen und Körbe)
und Melva Calder (Sammlerobjekte)

Gestaltung: Jane Tenenbaum

Aus dem Amerikanischen übersetzt von Diethard H. Klein,
D-Bayreuth und Beate Gorman, Cleveland, Australien

Satz der deutschsprachigen Ausgabe: Mario Moths, CH-Bern

Die Deutsche Bibliothek - CIP-Einheitsaufnahme

Korb-Design : Inspirationen und Projekte / Billie Ruth Sudduth.
(Fotogr.: Robert Chiarito und Melva Calder. Aus dem Engl. übers. von
Beate Gorman). - Bern ; Stuttgart ; Wien : Haupt, 2001
Einheitssacht.: Baskets <dt.>
ISBN 3-258-06256-0

Alle Rechte vorbehalten
Copyright © 2001 für die deutschsprachige Ausgabe by Paul Haupt Berne
Jede Art der Vervielfältigung ohne Genehmigung des Verlags ist unzulässig.

Schmutztitel (Seite 1): John McGuire, Objekt ohne Titel aus Schwarzeschen- und Zedernspänen,
30 x 30 x 9 cm; Seite 2: Ed Rossbach, *Basket with Indian,* Foto: Tom Grotta;
Titelseite: Eierkorb aus den Appalachen, Foto: Robert Chiarito

Dank

Dieses Buch ist Höhepunkt und Ergebnis sechzehnjährigen Lernens, Flechtens und Unterrichtens. Es wäre nicht zustande gekommen ohne die ausdauernde Unterstützung durch meine Familie und meinen Freundeskreis. Dafür möchte ich zunächst einmal meinem Ehemann Doug und unseren Söhnen Mark und Chris danken, die alles mitgemacht haben vom Einweichen der Flechtmaterialien in der Badewanne bis zum Erntedanktagsessen aus der Styroporverpackung, von der Verbindung einer Hochzeitsfeier mit einer Korbausstellung bis zu meinem Fehlen bei der Schulabschlussfeier. Sie nahmen es hin, dass in meinem Haushalt die Künste des Kochens und Saubermachens verdrängt wurden zugunsten ganz anderer Kunstformen. Doug, Mark und Chris erwiesen sich dabei als ganz unglaubliche Stützen!

Ein herzliches Dankeschön gilt Susan Baldree, unter deren Anleitung mein erster Korb entstand; Lee Hansley, von dem ich meinen ersten Preis erhielt, und Jerry Swan, meinem ersten Mentor. Als erste Sammler meiner Stücke darf ich dankbar Bettes und Dr. Larry Silver, Sally und Dr. John Myers sowie Elaine und Dr. Chuck White erwähnen. Dank gebührt auch all meinen Schülerinnen und Schülern, den Piedmont Craftsmen von der Penland School und dem Kunstrat des Staates North Carolina und nicht zuletzt Connie und Malcolm MacDonald, die mich ermutigten und bestärkten, wenn es mir bange

Karyl Sisson, *Bozo III*, gewickelte gebrauchte Stoffbandmaße, Plastikkleinteile von Verschlüssen, Polymer; 15 cm Höhe x 9,5 cm Durchmesser, Foto: Susan Einstein

wurde vor dem Ausmaß der Aufgabe. Hilfreich waren mir auch die klugen und humorvollen Anmerkungen und Ratschläge von Ken Trapp, die sich ganz wesentlich auf meine Arbeit auswirkten, und seine sinngemäße Äußerung, wir Südstaatler müssten doch zusammenhalten, bleibt mir unvergesslich.

Undenkbar wäre dieses Buch ohne die großartigen Fotos von Robert Chiarito und Melva Calder, die den jeweiligen Charakter der einzelnen Flechtarbeiten umfassend und markant zur Geltung bringen.

Mein besonderer Dank gilt allen Flechterinnen und Flechtern, die mit ihren hier vorgestellten Werken einen so wesentlichen Beitrag zu diesem Buch leisteten. Und zum Schluss möchte ich mich auch bedanken bei allen Fachleuten des Verlags für ihr Verständnis, ihre Geduld und ihre Begleitung.

Inhalt

Einleitung 8

1 MATERIALIEN UND WERKZEUGE 10

Im Handel erhältliche Materialien 10
Fund- und Sammelmaterial 13
Werkzeug und Ausstattung 13
Vorbereitung 14
Lagerung 15

2 FLECHTKONSTRUKTIONEN 16

Flechtarten 17
Böden 20
Rippen- und Rahmenkonstruktionen 22
Zufallsflechten 22

3 GRUNDTECHNIKEN 24

Rundenflechten 24
Fortlaufendes Flechten 25
Aufbiegen 27
Abknicken und Verwahren 27
Der Rand 28
Das Ausfüllen des Bodens 30

4 FARBEN UND FÄRBEN 34

Ausstattung 34
Vorsichtsmaßnahmen 35
Naturfarbstoffe 36
Chemische Farbstoffe 37
Lagerung von Farbstoffen 40
Farbvariationen 42

Kathleen Dalton, Kollektion von Körben aus Eichenspänen

5 RUNDENFLECHTEN 44

Korb im Kolonialstil 44
Den Boden flechten 46
Die Seiten flechten 47
Den Henkel einsetzen 52
Die Füße einsetzen 54

6 FORTLAUFENDES FLECHTEN 56

Katzenkopf-Wandkorb im Stil der Shaker 56
Vorbereitung 60
Farbvariationen 66

7 PAARGEFLOCHTENE KÖRBE 68

Penland-Geschirrkorb 71
Abknicken und Verwahren 75
Flachschienen einflechten 76
Umwicklung 77

8 RUNDENFLECHTEN MIT KÖPERTECHNIK 78

Calabash-Muschelkorb 79
Speichen spalten 80
Das Muster umkehren 82
Rand und Henkel 83
Anleitungen für kleinere Muschelkörbe 84

9 FORTLAUFENDE KÖPERTECHNIK 88

Zeitgenössischer Katzenkopfkorb 89
Die Staken festlegen 89
Formgebung 94
Die Farbe wechseln 96

10 RIPPENKONSTRUKTION 98

Eierkorb aus den Appalachen 99
Bindungen 101
Rippen einsetzen 105
Formgebung 106
Ausfüllen 106

11 DEKORATION 110

Hochzeitskorb 110
Kringel 114
Körbe bemalen 116
Schablonieren 118
Lasieren 118
Diverse Materialien 118

12 WICKELN, KNÜPFEN UND NÄHEN 120

Wickeln 121
Knüpfen 125
Nähen 126
Umwickeln 126
Formen 127

BL Patti Lechman, *Soma,* geknüpfte Nylonfäden, 16,2 x 10 x 10 cm, Foto: Beverly Rucker

ANHANG 129

Glossar 130
Bezugsquellen 134
Verbände und nützliche Adressen 136
Literaturhinweise 137
Verzeichnis der Künstlerinnen und Künstler 141
Index 143

Einleitung

In diesem Buch werden Sie prächtigen Farbfotos von Körben begegnen, die entweder Sammlerobjekte sind oder selbst gefertigt werden können. Sieben Projekte zum Nacharbeiten mit handelsüblichen Materialien werden in Wort und Bild in Schritt-für-Schritt-Anleitungen so eingängig dargestellt, dass es selbst Anfängern leicht fällt, ans Werk zu gehen. Aufnahmen zeitgenössischer Meisterwerke der Flechtkunst ergänzen die Projekte und bringen von Seite zu Seite immer wieder neue Anregungen und ermutigenden Ansporn. Außerdem zeigen diese Fotos auch, wie die Schöpferinnen und Schöpfer der betreffenden Stücke alte Techniken weiterentwickelt haben und wie sie ihren jeweils eigenständigen Stil fanden.

Ich persönlich habe vor etwa dreißig Jahren mit dem Sammeln von Körben angefangen und vor sechzehn Jahren mit dem eigenen Flechten. Dabei bemühe ich mich um die Verbindung von Gestern und Heute in Formen, Mustern, Farben und Dekorationen und lasse mich inspirieren von klassischen Formen der Shaker und der Appalachen-Indianer. Viel weiter zurück, nämlich über sieben Jahrhunderte, reicht freilich eine weitere, für mich sehr wesentliche Inspirationsquelle: die so genannte Fibonacci-Sequenz. Sie wurde entwickelt von Leonardo von Pisa, genannt Fibonacci, der von etwa 1170 bis 1250 lebte und als wohl bedeutendster Mathematiker des Mittelalters gelten darf. Seine Zahlenfolge lautet 1, 1, 2, 3, 5, 8, 13, 21, 34, 55, 89, 144, 233, 377, 610 usw. und beruht auf der Addition der jeweils beiden vorhergehenden Zahlen zur nächstfolgenden. Nach den

Billie Ruth Sudduth, *Fibonacci 5*, Köperflechtung, 42 x 42 x 34,3 cm

ersten Fibonacci-Zahlen nähern sich die Verhältnisse der weiteren Zahlen untereinander rasch dem goldenen Schnitt (1: 1,618 bzw. 5: 8), der als wichtiges Hilfsmittel für künstlerische Ausgewogenheit schon seit der griechischen Antike bekannt ist.

Diesem goldenen Schnitt begegnet man auch häufig in der Natur – von den Spiralen auf Muschelschalen bis zu den Spiralnebeln im Weltall. Das gleiche Verhältnis findet sich bei Blüten, Tannenzapfen, Früchten, Knospen, Eicheln und sonstigen Samen. Es prägt aber auch die Musik Bela Bartoks, die Architektur eines Frank Lloyd Wright und die Schöpfungen Michelangelos, Raffaels oder Leonardo da Vincis. Ich wende den goldenen Schnitt und die Fibonacci-Folge auf meine Körbe an. So erscheint der Rhythmus meiner Muster gleichsam wie von der Natur selbst vorgegeben.

Während meiner zwanzigjährigen Tätigkeit als Schulpsychologin stellte ich fest, dass sich die Grundprinzipien des Korbflechtens dazu eignen, Schülern auch Grundprinzipien der Mathematik anschaulich

Chikuho Minoura, *Emergence of New Growth,* 53,3 x 22,5 x 40,6 cm, Foto: Textile Arts Gallery, Santa Fe/New Mexico

und damit leichter verständlich zu machen. Wie schon Seneca sagte, imitiert die Kunst die Natur, und auch meine Körbe (gleichviel, ob es dabei um Kunst oder Handwerk geht) bestätigen diese Auffassung. Einige der in diesem Buch vorgestellten Körbe sind gute Beispiele für die mathematische Struktur natürlicher Spiralen mit ihrem rhythmisch fließenden Schwung.

Texte und Abbildungen dieses Bandes sollen Sie einerseits zu eigenem Schaffen anleiten, Ihnen andererseits aber auch vertiefte Kenntnisse über Körbe als Sammelobjekte vermitteln. Wenn Sie sich erst einmal vertraut gemacht haben mit den entsprechenden Techniken, wird nur noch Ihre eigene Vorstellungskraft Ihnen Grenzen setzen können. Körbe sind immer zugleich Objekte zum Anschauen und zum Anfassen, Anfühlen; sie laden sowohl die Augen als auch die Hände zum Erkunden und Erfassen ein.

Und so hoffe ich nun, dass dieses Buch Ihnen die Begeisterung für Körbe vermittelt und Sie zugleich überzeugt von der außerordentlichen Fülle von Gestaltungs- und Verwendungsmöglichkeiten, welche Körbe bieten.

1 Materialien und Werkzeuge

«Die zum Korbflechten verwendbaren Materialien sind fast unüberschaubar.»

Jack Lenor Larsen, **The Tactile Vessel**

Im Handel erhältliche Materialien

Im Fachhandel wird eine Fülle von Materialien für das Korbflechten angeboten. Riedgras wird in Strängen geliefert, Späne aus Eichen-, Eschen-, Pappel-, Ahorn- oder Hickoryholz werden in Streifen oder Rollen gehandelt. Peddigrohr und Peddigschienen werden in Strängen oder Rollen nach Gewicht verkauft. All dies sind Naturmaterialien, gewonnen aus diversen Pflanzen.

Peddigrohr wird aus den inneren Schichten der Rattan- oder Rotangpalme gewonnen, die in Asien heimisch ist. Zumeist wird das Rattanholz in Asien selbst in regelrechten Plantagen «geerntet» und dann auch dort zu Peddigrohr geschnitten, ehe dieses über Großhändler in die entsprechenden Fachgeschäfte gelangt.

Steigende Nachfrage und eher schwindender Nachschub haben während der letzten Jahre zu erheblichen Preissteigerungen geführt, und es kommt auch zu deutlichen Qualitätsunterschieden. Als Grundregel gilt wie immer auch hier: Je größer das Einkaufsvolumen, um

Peddigflachschienen in verschiedenen Farben

so günstiger wird der Preis für den Einzelposten sein.

Der Querschnitt der Peddigrohre oder -schienen kann rund sein, halbrund, oval, flach oder flachoval. Bei Stärken und Breiten ist es nicht immer ganz einfach, US-Normen und die davon wieder abweichenden britischen einigermaßen zur Deckung mit deutschen zu bringen. Gängige Durchmesser liegen bei Rundstäben zwischen 2,2 und 4,2 mm (Ausnahmen bis 18 mm), übliche Breiten bei Flachschienen zwischen 0,5 und 10 mm (bis hin zu 25), bei Flachovalstäben zwischen 0,5 und 16 mm. Da Peddigrohr ein natürliches Material ist, gibt es Abweichungen bei Stärke, Färbung und Biegsamkeit. Peddigrohr, das erst in Europa zugeschnitten wird, ist gleichmäßiger und hochwertiger, und sein höherer Preis wird durch die bessere Qualität gerechtfertigt.

Die nachfolgenden Materialien eignen sich ebenfalls zum Flechten, und ihre Mitverwendung kann zu abwechslungsreicher Vielfalt bei Ihren Körben führen.

Riedgras mit seiner weichen Struktur wird von Hand zu Strängen geflochten und nach Gewicht in Knäueln oder Ringen verkauft.

Arengaschnur wird von Hand aus den Blattfasern der asiatischen Zuckerpalme gedreht; sie ist braun bis schwarz und dient zur Erzeugung von Textur- und Farbeffekten.

Rattanranken ähneln mit ihrer ungleichmäßigen Oberfläche den Ranken von wildem Wein, sind aber weit biegsamer, wenn man sie kurz in Wasser tränkt. Es gibt sie naturbelassen oder bräunlich geräuchert.

Stuhlflechtrohr wird aus der Schicht unmittelbar unter der Rinde gewonnen. Es ist härter und glänzender als das aus den Innen-

Materialien zum Korbflechten; von links unten im Uhrzeigersinn: Raffiabast, Arengaschnur, Riedgras, Rattanranken, Kokosfaserschnur, in der Mitte: Wachsgarn

Bryant Holsenbeck, *Bird's Nest Basket,* Peddigrohr, Fund- und Sammelmaterial, Zufallsflechtung, 33 x 15 x 28 cm

MATERIALIEN UND WERKZEUGE

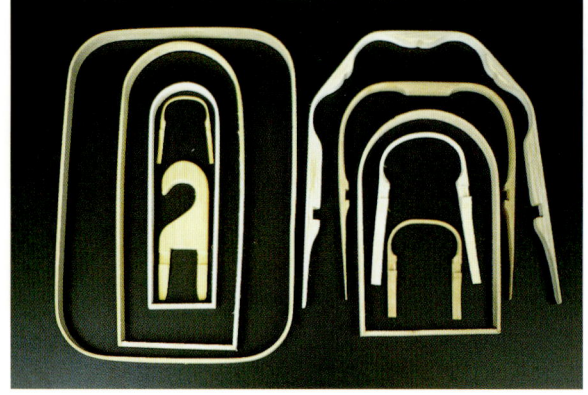

Oben: Verschiedene Henkel

Links: Aaron Yakim, Eierkorb mit Schwinghenkel aus handgespaltenen Weißeichenspänen, 22,5 x 22,5 x 15,2 cm, Foto: Cynthia Taylor

Bonnie Gale, Anglerkorb aus roten Weidenruten mit dreiteiligem Ledergurt, 30 x 18 x 22,5 cm, Foto: Thomas Brown

schichten gewonnene Peddigrohr, aber auch weniger biegsam und schwerer zu färben.

Raffiabast wird bei uns häufig einfach nur Bast genannt und kommt naturbelassen oder auch mit Glyzerin und Feuerschutzmittel behandelt in einer breiten Farbpalette in den Handel.

Wachsgarn ist gewachstes Naturgarn (heute oft ersetzt durch synthetisch behandelte Garne). Es ist in verschiedenen Farben lieferbar, wird vor allem für Miniaturkörbe verwendet sowie beim Knüpfen und Wickeln.

Die beschriebenen Naturmaterialien können im Handel bezogen werden. Aber auch laminiertes Holz, Metall, Draht, Papier, Leder, Geldscheine, Stoffbänder oder Wäscheklammern finden heute Ver-

Oben: Zoe Morrow, *Five to Five,* Geflecht aus in Streifen geschnittenen Geldscheinen, etwa 10 x 5 x 15 cm, Foto: Charles H. Jenkins

Rechts: Betz Salmont, *MI,* handgeschöpftes Papier mit eingesetztem Korb aus gefärbten Dracaena- und Jacaranda-Blattstielen, etwa 20 x 18 x 43 cm

wendung bei der Anfertigung von Körben oder Flechtobjekten.

Griffe und fertige Henkel kann man in den verschiedensten Größen, Formen, Stilen und Materialien kaufen. Dabei sind die maschinengefertigten natürlich weit billiger als die handgefertigten, doch sind letztere wegen der besseren Qualität bei weitem vorzuziehen.

Fund- und Sammelmaterial

Viele Korbflechter «ernten» ihre Materialien eigenhändig und bereiten sie auch selbst vor, was arbeitsaufwändig und schon eine Kunst für sich ist. Der Zeitaufwand dafür kann leicht dem für das Flechten eines Korbes entsprechen. Tatsächlich ist nahezu jedes pflanzliche Material zum Korbflechten verwendbar, so auch Ranken, Wurzeln, Rinde, Blätter, Zweige und Nadeln. Die Aufbereitung solcher Materialien ist in verschiedenen Büchern ausführlich dargestellt worden (siehe z.B. Jensen, Korbflechten – Körbe aus 147 verschiedenen Pflanzen).

Beim Sammeln stößt man allerdings zunehmend auf das Problem, dass bestimmte Bestände, beispielsweise an Süßgras und Schilf, infolge zunehmender Verstädterung und wegen der Umweltverschmutzung laufend zurückgehen.

Die zum Flechten verwendeten Materialien sind so unterschiedlich wie die Korbflechterinnen und Korbflechter selbst. Viele verarbeiten gekauftes Material zusammen mit gefundenem und gesammeltem.

Werkzeug und Ausstattung

Korbflechten ist ein Kunsthandwerk, für das erfreulich wenig an teuren Werkzeugen und aufwändiger Ausstattung erforderlich ist. Das Hauptwerkzeug sind die Hände. Und

Unentbehrliches Zubehör

die übrigen Werkzeuge kann man obendrein unterteilen in solche, die unentbehrlich, und in andere, die einfach nützlich sind.

Unentbehrliches Zubehör

- Stahllineal als Stakenbeschwerer
- Bleistift
- Maßband
- Ahle
- Schnitzmesser
- Seitenschneider
- Schere
- Breiter Flachspitzenpfriem
- Schmaler Flachspitzenpfriem
- Wäscheklammern
- Zwingen
- Schmirgelpapier
- Wassereimer

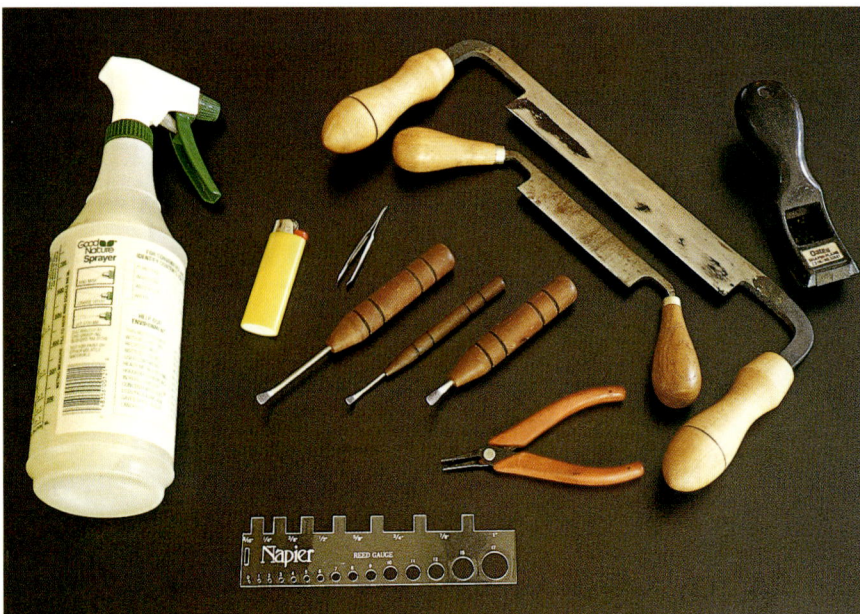

Nützliches Zubehör

Nützliches Zubehör

- Zerstäuber
- Feuerzeug
- Pinzette
- Rundspitzzange
- Pfrieme mit gekrümmter Spitze
- Abziehmesser
- Glätthobel
- Stärkenmaß

Vorbereitung

Die handelsüblichen Materialien erfordern kaum größere Vorbereitung, es sei denn, man wolle sie selbst färben. Gewöhnlich reicht es völlig, wenn man das Peddigrohr kurz wässert, damit es biegsam wird und nicht bricht. Wenn man dem Wasser ein wenig Glyzerin zusetzt, hält sich die Feuchtigkeit besser und das Material bleibt biegsam. Was Einweichzeit und Wassertemperatur betrifft, gehen die Meinungen weit auseinander; sie reichen von wenigen Minuten in heißem Wasser bis zu ein paar Stunden in kaltem. Ich halte für

Peddigflach- und -flachovalschienen ein paar Minuten in lauwarmem Wasser unmittelbar vor Arbeitsbeginn für angemessen. Lauwarmes Wasser empfehle ich, weil es die Hände schont. Peddigrundstäbe muss man länger wässern, weil sie stärker zu Bruchanfälligkeit neigen und schneller austrocknen. Längere Einweichzeit ist auch für älteres Peddigrohr erforderlich. Das Alter lässt sich oft nach Augenschein beurteilen: älteres Material ist meist etwas dunkler und wirkt brüchiger. Zu alt für die Verarbeitung ist Peddigrohr so gut wie nie, vorausgesetzt, man sorgt auf die beschriebene Weise für Feuchtigkeitsaufnahme.

Lagerung

Plastiksäcke sind der absolute Feind von Peddigrohr! So trocken Ihnen das Material auch erscheinen mag, es wird zu schimmeln beginnen, wenn Sie es in Plastik einpacken. Das Richtige sind Papiertüten, die Sie am besten beschriften mit Angaben über Stärke und Abmessungen des Materials darin. Solche Säcke können Sie in einem Regal übereinander lagern. Wie immer Sie es lagern, in jedem Fall muss das Peddigrohr trocken sein. Ich persönlich finde es vorteilhaft, die Peddigstreifen über einen Haken in der Wand zu hängen oder auch über eine offene Tür, damit die beim engen Zusammenrollen entstandenen Krümmungen verschwinden. Auf diese Weise lassen sich dann auch leicht geeignete Streifen herausziehen.

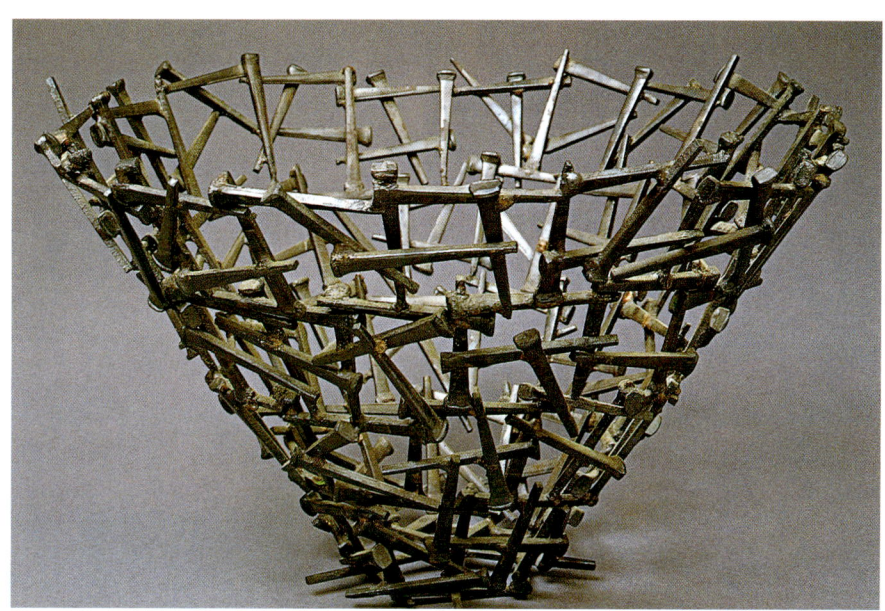

Dan Gable, *Tactile Vessel,* Maurernägel, Messing, Messingschmelze, 20 cm Höhe x 33 cm Durchmesser

Mary Lee Fulkerson, *Basket Unfolding Joy,* Papierstreifen, Plastik, Farbe, Schnur und Kleinkinderspielzeug, etwa 37 x 15 x 45 cm, Foto: Ron Anfinson. Zu dieser Abwandlung eines so genannten Kete der Maori wurde die Künstlerin angeregt durch Shereen LaPlantz.

MATERIALIEN UND WERKZEUGE 15

Flechtkonstruktionen

Die beim Korbflechten verwendeten Fachausdrücke sind nicht immer einheitlich; während die einen die senkrecht nach oben verlaufende Weidenrute oder Peddigschiene Stake nennen, wird diese von andern als Speiche oder Rippe bezeichnet, wohingegen die quer dazu verlaufenden Teile allgemein Flechtfäden oder einfach Fäden genannt werden. Die aus der Arbeit am Webstuhl bekannten Begriffe «Kette» und «Schuss» lassen sich auch auf das Korbflechten übertragen; Kette heißen die senkrechten Teile (Speiche, Stake, Rippe), Schuss die waagrechten Flechtfäden. Aber Sie brauchen sich durch unterschiedliche Ausdrücke nicht verwirren zu lassen; wenn Sie erst einmal die jeweiligen Techniken erfasst haben, ist es völlig unerheblich, welche Fachwörter Sie benutzen.

Neben Materialien und Farben unterscheiden sich Körbe auch durch ihre Flechtart, also durch die Art und Weise, wie die Fäden durch die Staken gezogen werden. Das stetig wechselnde drunter und drüber ist die recht einfache Grundlage des Flechtens; seine Vielfalt aber gewinnt dieses durch die zahlreichen Varianten, in denen sich das Grundprinzip anwenden lässt.

Darryl und Karen Arawjo, *Light Vessel Group*, Weißeiche, Nylon, gedrechselte Randabschlüsse, Höhen zwischen 7,5 und 28 cm, Durchmesser zwischen 12 und 15 cm, Foto: David Coulter

Flechtarten

Einfachflechten bedeutet, jeweils einen Faden erst über eine Stake zu führen und dann unter der folgenden hindurch; das ist die verbreitetste Flechtart.

Zäunen nennt man es, wenn ein flaches oder flachovales Element jeweils über ein gleiches senkrechtes Element geführt wird und dann unter dem folgenden hindurch und immer so weiter. Sehr häufig wird der Ausdruck Zäunen gleichbedeutend für das Einfachflechten benutzt.

Rundflechten ist ein Ausdruck für das Zäunen mit Rundstäben (oder Weidenruten).

Köpern heißt, den Faden mindestens über zwei Staken (oder auch mehr) zu führen und dann unter der folgenden Stake (bzw. auch mehr) hindurch.

Oben links: Billie Ruth Sudduth: *New Directions*, Wellenköperung und Umkehrköperung, 35,6 cm Höhe x 38 cm Durchmesser

Oben rechts: Billie Ruth Sudduth, *Fibonacci 8*, Köperung und Umkehrköperung, 30,5 cm Höhe x 33 cm Durchmesser

Unten links: Linda Farve, Doppelwandiger Choctaw-Korb, Diagonalköperung, 18 cm Höhe x 15 cm Durchmesser

Unten rechts: Dorthy Chapman, Choctaw-Korb aus naturbelassenem und gefärbtem Schilf, gezäunt und geköpert, 18 cm Höhe x 14 cm Durchmesser

FLECHTKONSTRUKTIONEN 17

Donna Look, *Basket Nr. 8710,* Birkenrinde und Seide, geflochten, genäht und teilweise umwickelt, etwa 30 x 25 x 27 cm, Foto: Sanderson

Gail Campbell, *Vessel Nr. 291,* Weißkieferrinde, Kupfer, Bast, Wachsgarn, geflochten und mit Tapetenleim bearbeitet, 21,6 x 22,2 x 38 cm

Eva S. Walsh, *Slipping Halo,* gefitzter Doppelkorb aus gefärbtem Peddigrohr, etwa 20 x 20 x 38 cm, Foto: Randall Smith

Wellenköperung entsteht als (gewöhnlich unerwünschte) Unregelmäßigkeit, wenn die Flechtfäden nicht durchgängig einheitlich breit sind.

Umkehrköperung wird dagegen bewusst angewandt, um den Richtungsverlauf des Musters zu ändern. Dabei verändert man nicht die Flechtrichtung, sondern nur die Richtung des Musters.

Diagonalköperung wendet man an, wenn man die geköperten Staken des Bodens zu den Seiten des Korbes hochführen will. Dabei werden die Staken, jeweils über zwei oder mehr Elemente laufend, miteinander verflochten.

Paarflechten wird trotz eines kleinen Unterschieds oft auch Fitzen genannt und findet Verwendung für die Übergangszone zwischen Boden und Seiten eines Korbes und auch für die Seiten selbst. Man arbeitet mit zwei Fäden zugleich, die flach, flachoval oder auch Rundstäbe sein können. Ein Faden wird jeweils vorn über die Stake geführt, der zweite zugleich hinter ihr durch. Vor der entsprechenden Umkehrung an der folgenden Stake erfahren die Fäden eine halbe Drehung.

18 FLECHTKONSTRUKTIONEN

Ganz oben: Sharon Algozer, *Interconnections I,* Rippengeflecht aus Peddigrohr und Yuccablättern, etwa 90 x 43 x 38 cm, Foto: Michael Horner

Oben: Joanne Wood Peters, *Feathered Crown,* umgekehrter Korb, Riedgras mit Federmuster, 25 cm Höhe x 15 cm Durchmesser

Links: John McGuire, *Nantucket Sewing Basket,* Boden aus Kirschholz, Peddigrohr, Eiche, Ebenholz, 22,5 cm Durchmesser

Oben: Deborah Wheeler, diagonal gezäunter Korb, Peddigflachschienen, Stuhlflechtrohr, Bambus

Links: Jackie Abrams, *Hexagonalweave Nr.12,* Papier, Farbe, Wachsgarn, Firnis; Hexagonalgeflecht mit Zusatzflechtung, 22,5 cm Höhe x 15,2 cm Durchmesser, Foto: Greg Hubbard

Kimmen ist eine dichte und zügige Flechtart, weil dabei jeweils zugleich drei oder noch mehr Fäden durch die Staken gezogen werden. Der erste Faden wird über zwei Staken geführt und dann hinter der dritten hindurch; der zweite Faden folgt, um eine Stake versetzt, nahezu gleichzeitig dem gleichen Schema, und für den dritten gilt, nun um zwei Staken versetzt, das Gleiche. Auch mit vier oder fünf Fäden lässt sich auf gleiche Weise arbeiten.

Chasing bedeutet wörtlich verfolgen. Hier wird zugleich mit zwei Flechtfäden oder den beiden Hälften eines in der Mitte geknickten gearbeitet. Während der erste Faden vorn über die erste Stake geführt wird und dann hinter der zweiten hindurch, geht gleichzeitig der «verfolgende» zweite Faden hinter der ersten Stake durch und vorn über die zweite hinweg. Bei einer Variante arbeitet man erst eine ganze Runde lang nur mit dem ersten Faden und nimmt dann mit dem zweiten entsprechend die «Verfolgung» auf.

Böden

Ehe Sie mit dem Flechten eines Korbes beginnen, müssen Sie sich Gedanken machen über seinen Rahmen oder sein Gerüst. Einen Korb beginnt man gewöhnlich mit dem Boden.

Der Staken- oder Spanboden ist die übliche Art für eine quadratische oder rechteckige Bodenfläche eines Korbes.

Einfachflechten oder Zäunen ist ebenfalls eine geeignete Flechtart, wobei Zwischenräume verbleiben.

Diagonalzäunung ist angezeigt, wenn der Boden in die Seitenflächen übergeht. Dabei werden die Staken einzeln nacheinander mit sich selbst verflochten, wobei auch hier wieder Zwischenräume verbleiben.

Geköperte Böden zeigen Längsstaken, die jeweils über zwei oder auch mehr Querstaken laufen. Ein solches Flechtschema wird gelegentlich auch als Fischgrätmuster bezeichnet. Solche Böden werden dicht ohne Zwischenräume geflochten.

Diagonalköperung heißt die Flechtart, bei der beim Verflechten der Staken eine Stake über zwei oder mehrere andere Staken geführt wird. Auch hier geht der Boden in die Seitenflächen über, es verbleiben jedoch keine Zwischenräume.

Speichenböden sind gewöhnlich rund und heißen so, weil die Anordnung der ausgelegten Staken an die Speichen eines Rades erinnert. Die Speichen werden sternförmig ausgelegt und dann von innen nach außen umflochten, wofür Fitzen, Zäunen oder Chasing in Frage kommen. Für die Seiten kann man dann auch andere Flechtarten anwenden.

Beim falschen Doppelboden beginnt man wie beim Einzelspeichenboden. Nach einigen Flechtrunden werden zusätzliche Speichen zwischen die ersten eingeschoben und entsprechend verflochten.

Ein Doppelbodenkorb hat zwei übereinander gelegte Böden, die einzeln gefertigt werden. Sie werden so miteinander verflochten,

Lee Zimmermann, *Teale Spiral with Tennesse Thistle,* traditionelle Flechttechniken, 28 cm Höhe x 45 cm Durchmesser, Foto: David Lutrell

Kari Lønning, *Path to my Garden,* Doppelwandkonstruktion aus gefärbtem Rattanrohr mit zwei verborgenen Samenbehältern, 11,4 cm Höhe x 44, 5 cm Durchmesser

FLECHTKONSTRUKTIONEN

Cindy Luna, Korb aus Metalldraht in Zufallsflechtung

dass die Speichen des oberen Bodens sich zwischen die des unteren fügen. Die beste Methode dafür ist Paarflechten oder Fitzen.

Bei Holzböden werden die Speichen in kleine Vertiefungen einer runden oder ovalen Platte eingesetzt.

Ihre Entscheidung für eine bestimmte Bodenkonstruktion wird sich darauf auswirken, welche Flechtart Sie für die Seitenteile wählen sollten. Bei vielen Körben werden auch unterschiedliche Flechtarten angewandt.

Rippen- und Rahmenkonstruktionen

Manche Körbe haben keinen ebenen Boden, sondern sind um Rahmen oder Rippen geflochten; solche Konstruktionen eröffnen die vielfältigsten Gestaltungsmöglichkeiten. Zwei oder auch mehr Reifen werden zusammengefügt zu einem Rahmen, in den wiederum Rippen eingesetzt werden, ehe das eigentliche Flechten beginnt. Diese Rippen können flach oder rund sein, und für kleine Körbe braucht man nur einen Satz solcher Rippen. Bei größeren Objekten werden im Laufe des Geflechts zusätzliche Rippen eingesetzt.

Nach dem Einsetzen der Rippen wendet man gewöhnlich Einfachflechten an. Wenn man mit nur einem Reifen arbeitet, der den Rahmen bildet, ersetzen stärkere Rippen einen zweiten Reifen; diese müssen gut verbunden werden, ehe man dann die weiteren Rippen einsetzt.

TIPP

Man sollte niemals mehr als 2,5 cm Zwischenraum zwischen den Rippen lassen.

Zufallsflechten

Diese Variante folgt keinem bestimmten Schema. Wenn das Objekt fertig ist, kann man nicht mehr feststellen, wo das Geflecht beginnt oder endet. Der so genannte Schlag geht zwar immer *einmal drüber/einmal drunter,* folgt aber keiner bestimmten Ordnung.

Ferne Jacobs, *Heart Fan,* gewickeltes und gefitztes Wachsgarn, 34,3 x 14 x 33 cm, Foto: Susan Einstein

3
Grundtechniken

Nachdem nun einige der gängigsten Flechtarten vorgestellt wurden, folgen verschiedene Grundtechniken, die man beherrschen muss, wie immer auch der jeweilige Korb aussehen wird. Dazu gehört das Ansetzen neuer Flechtfäden, das Aufbiegen und die Fertigung von Randabschlüssen.

Vorab wird eine Unterscheidung getroffen in Rundenflechten und in fortlaufendes Flechten – so kann man vereinfachend die beiden Varianten hier einmal nennen.

Rundenflechten

Bei dieser Flechtform wird jeweils nur eine einzelne Runde geflochten und in sich beendet. Beginnen Sie die jeweils nächste Runde auf der Gegenseite.

Der Anfang eines Flechtfadens muss stets hinter einer Stake oder Speiche liegen. Rundenanfang an einer Ecke soll man vermeiden, und bei rechteckigen Körben beginnt man am besten in der Mitte einer langen Seite, weil sich so die Spannung besser steuern lässt. Sie führen dann den Faden rund um den Korb, bis Sie wieder am Anfang angelangt sind. Dann schneiden Sie ihn so ab, dass Sie ihn entweder hinter die zweite oder die vierte Speiche nach Rundenbeginn schie-

Jayne Hare Dane, Dreiersatz von Deckelkörben aus von Hand gespaltenen und geklopften Schwarzesche-Spänen, 30,5 x 22,5 x 40,6 cm

ben können. Auf diese Weise werden die Enden hinter den Speichen versteckt und sind weder von außen noch von innen sichtbar. Dieses «Verwahren» der Enden erfolgt auf gleiche Wiese auch beim fortlaufenden Flechten.

TIPP

Falls sich die Enden der Flechtfäden nicht sauber hinter den Speichen verstecken lassen, muss man sie «wenden». Das heißt, man verlegt den vorn verlaufenden Faden nach hinten und umgekehrt, damit die Enden sauber hinter einer senkrechten Stake verschwinden.

Das Rundenflechten ermöglicht den Wechsel von Farben, Stärken und Breiten der Flechtfäden von Runde zu Runde. Man kann dabei entweder nur über und unter je eine Stake flechten oder über mehrere Staken, und auch diesbezüglich ist Wechsel möglich.

Fortlaufendes Flechten

Bei dieser Flechtart verflechten Sie einen Faden fortlaufend bis an sein Ende über mehrere Runden hinweg und setzen dann einen neuen Faden an. Fortlaufendes Flechten kann sowohl über eine gerade als auch eine ungerade Speichenzahl erfolgen. Bei gerader Speichenzahl sind aber besondere Maßnahmen nötig, damit es nicht zu einem unerwünschten «Strich» kommt, der sich spiralig um den Korb zieht. Er entsteht beim Einfachflechten dadurch, dass Sie am Ende einer Runde, um wieder in den von Runde zu Runde versetzten Rhythmus über eine/unter eine zu kommen, einmal über zwei oder unter zwei gehen müssen; die entsprechende Stelle verschiebt sich in jeder Runde um eine Stake.

Sie haben auf diese Weise den Schlag gewechselt: Wenn Sie die erste Runde begonnen haben mit

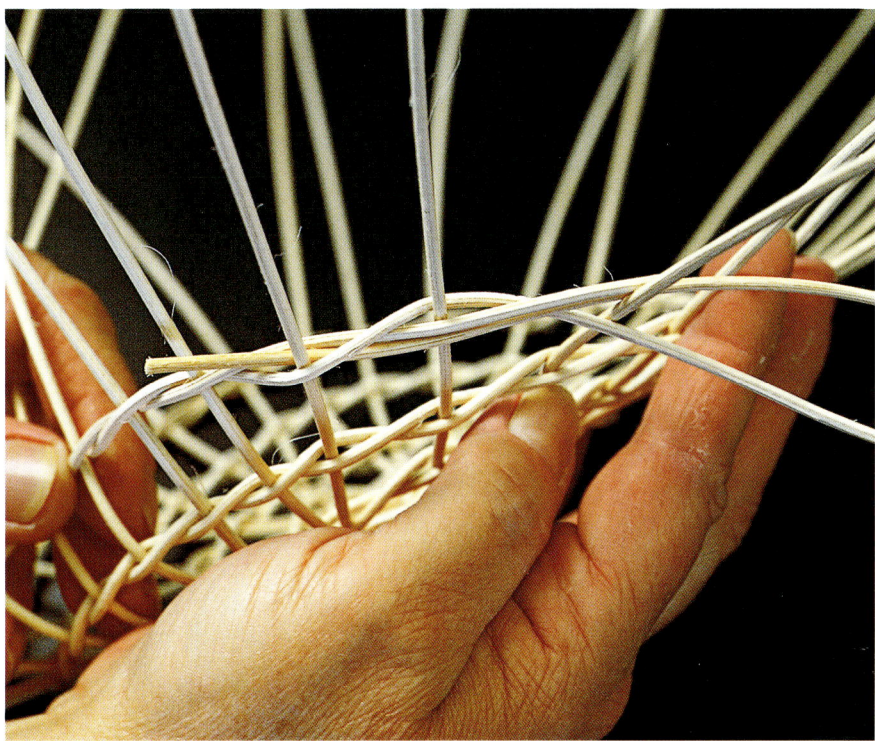

Ansetzen eines neuen Rundstabes

«über eine», dann setzen Sie die zweite an mit «unter einer». Das aber ist nur möglich, wenn Sie einmal pro Runde zwei Staken statt nur einer über- oder unterkreuzen, und das eben führt zu dieser sichtbaren Unregelmäßigkeit.

Die Gegenmaßnahme besteht darin, dass Sie künstlich für ungerade Stakenzahl sorgen. Setzen Sie an einer Ecke eine zusätzliche Speiche ein oder spalten Sie eine an einer Ecke befindliche Stake der Länge nach.

Ansetzen (Spleißen) eines Fadens

Flachschienen

Peddigflachschienen haben eine glatte Seite und eine raue. Die gute Seite sollte immer an der Außenseite des Korbes liegen, und Sie müssen darauf besonders achten, wenn Sie einen neuen Faden ansetzen. Bei Flachovalschienen gehört immer die gerundete Seite außen an den Korb, und auch bei Rändern muss sie stets nach außen zeigen.

Den Flaum auf der schlechten Seite kann man beim fertigen Korb vorsichtig mit einem Feuerzeug absengen. Das darf aber nur geschehen, wenn der Korb feucht ist.

Wenn eine Flachschiene ausläuft, legen Sie den Anfang einer zweiten so über das Ende, dass diese Verdoppelung über zwei oder vier Speichen reicht. Sie setzen das Flechten mit dem neuen Faden in gleicher Weise fort wie vorher.

Rundstäbe

Bei Rundstäben unterscheidet sich das Spleißen je nach Art des Geflechts. Beim Einfachflechten, Zäunen, Köpern und Kimmen kann man das Ende einfach hinter einer Speiche verstecken, und eine Überlappung ist nicht erforderlich. Denn wenn erst einmal die Runden dicht aufeinander sitzen, können

Alice Ogden, Körbe für einen Bushel (Scheffel, etwa 36 l) und eineinhalb Bushel, Schwarzesche-Späne mit Weißeichenhenkeln, Höhen 30,5 und 38 cm, Durchmesser 50,8 und 56 cm, Foto: Charley Fryebury

Das Aufbiegen des Korbes

die Enden nicht herausrutschen.

Beim Paarflechten oder Fitzen dagegen sollte man mit Überlappungen arbeiten. Wenn ein Faden zu Ende geht, legen Sie den Anfang des anschließenden daneben und führen beide zusammen über drei bis vier Staken.

Wenn Sie einen Rundstab an ein flaches Teil anschließen, müssen Sie Ende und Anfang längs einer Stake auf der Innenseite des Korbes zwischen vorherige Runden schieben. Enden und Anfänge von Flechtfäden liegen stets auf der Innenseite des Korbes.

26 GRUNDTECHNIKEN

Das Aufbiegen

Unter Aufbiegen versteht man die Überführung des Geflechts vom Boden eines Korbes zu den Seitenwänden. Die Kanten eines Bodens sollte man mit einer gefitzten Runde umflechten, und diese Runde ist dann der Ausgangspunkt für das Hochführen der Staken. Dazu werden diese über sich selbst zurückgefaltet und kräftig auf den Boden gedrückt. Feuchten Sie die Staken gut an.

> **TIPP**
> Je kräftiger die Staken hinuntergedrückt werden, desto flacher wird dann der Boden des Korbes aufsitzen.

Abknicken und Verwahren

Dieser Arbeitsgang dient dazu, einen oberen geraden Abschluss zu bewirken. Dazu werden gewöhnlich die innen liegenden Staken auf Höhe Oberkante der letzten Flechtrunde abgeschnitten. Die außen über diese Flechtreihe hinausragenden Staken knickt man dagegen auf Höhe Oberkante ab, zieht sie nach innen und verwahrt sie in der dritten Flechtrunde von oben. Vorher hat man, um in der richtigen Höhe abzuschneiden, mit einem Bleistift auf den innen liegenden Staken die Oberkante der letzten Flechtrunde angezeichnet, auf den äußeren den Abstand bis zur Unterkante der drittuntersten Runde. Nach Anbringung dieser Markierungen werden zunächst rund um den Korb die inneren Stakenenden auf die entsprechende Länge gekürzt.

Die außen liegenden muss man dann zunächst kurz, aber kräftig anfeuchten, ehe man sie nach innen umknickt und das verbliebene Endstück in der dritten Flechtreihe von oben verwahrt. Auf diese Weise

Die innen liegenden Staken schneidet man bündig mit der Oberkante der letzten Flechtrunde ab.

Die außen liegenden Staken werden dagegen nach innen umgeknickt und in die dritte Flechtreihe eingeschoben.

Schnitzen einer Zunge

Für die Umwicklung schiebt man das Ende der dazu bestimmten Schiene zwischen Außen- und Innenrand längs hinter eine Innenstake ins Geflecht.

Die Randumwicklung

bleiben weder auf der Außen- noch auf der Innenseite des Korbes lose Enden sichtbar. Beim Umknicken können die Speichen zwar splittern, aber dass sie völlig abbrechen, ist ganz unwahrscheinlich.

Der Rand

Ein Rand verleiht einem Korb zusätzliche Stabilität und optische Geschlossenheit. Ein Korb ohne Rand könnte sich mit der Zeit leicht auflösen. Als Material für Umrandungen dienen zumeist Flach- oder Flachovalschienen, manche verwenden jedoch gerne auch Halbrundschienen. Letztere bieten wegen ihrer Stärke einige Probleme beim Zurechtschneiden, doch lohnt der schönere optische Effekt gewöhnlich den Mehraufwand.

> **TIPP**
>
> Für Umrandungen sollte man immer Schienen wählen, die etwas breiter sind als die für die oberste Flechtrunde benutzten. Damit hat man dann Platz, um einen zusätzlichen Randfüller einzusetzen. Außerdem werden so die abgeschnittenen Enden der Innenstaken sauber abgedeckt.

Man legt einen der beiden für den Rand ausgewählten Streifen innen über die letzte Flechtreihe, den anderen außen darüber und klemmt sie zunächst mit Wäscheklammern fest. Jeder Streifen muss um etwa 5 cm länger sein als diese oberste Flechtreihe selbst, um eine Überlappung zu ermöglichen. Weil diese Randschienen gewöhnlich stärker sind als das Flechtmaterial, muss man an den beiden Enden für die Überlappung die halbe Stärke der Schienen wegschneiden (so genannte «Zungen» anfertigen), was am besten mit einem Schnitzmesser geschieht.

Bei Verwendung von Flach- oder Flachovalschienen sollte man mit dem Ansatz der Randschienen stets in der Mitte einer langen Seite beginnen, auf keinen Fall aber an einer Ecke oder an den Henkeln. Die Überlappung des inneren Randstreifens sollte jener des äußeren immer gegenüberliegen. Wenn man halbrunde Schienen verwendet, ist das anders: Hier empfiehlt es sich, dass die Überlappungen nahe beieinander liegen, aber nicht unmittelbar aufeinander.

Randfüller

Randfüller werden bei Verwendung von Flach- oder Flachovalschienen gerne zwischen die innere und die äußere eingefügt, um die Oberkante der letzten Flechtrunde zusätzlich abzudecken. Material dafür sind meist Rundstäbe oder auch Seegras.

Die Umwicklung

Mit einer Umwicklung werden äußere und innere Randschiene miteinander verbunden. Mit dem Umwicklungsmaterial muss man gut zwischen den Staken durchkommen, gewöhnlich verwendet man daher Flach- oder Flachovalschienen mit Breiten von 4 bis 6 mm. Beginnen Sie mit der Umwicklung stets abseits von Kanten oder Henkeln. Den Anfang des Wickelfadens schiebt man am besten längs einer Innenstake zwischen Außen- und Innenrand in das Geflecht. Diesen Anfang ziehen Sie von oben über die äußere Randschiene und ziehen ihn dann unter ihr, der obersten Flechtrunde und der inneren Randschiene durch, und zwar zwischen der nächsten und der übernächsten Stake. Den notwendigen Platz dafür können Sie mit Hilfe einer Ahle schaffen. Sie fahren mit der Umwicklung fort, indem sie das Wickelband stets zwischen zwei folgenden Speichen durchziehen, bis Sie wieder am Ausgangspunkt angelangt sind. Das

Keith und Valerie Raivo, Truhe aus Kirschbaum-, Rotulmen- und Roteichenholz, 76,2 x 50,8 x 45,7 cm, Foto: Wayne Torborg

AUSFÜLLEN DES BODENS

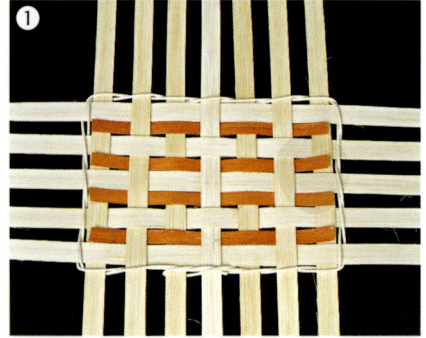

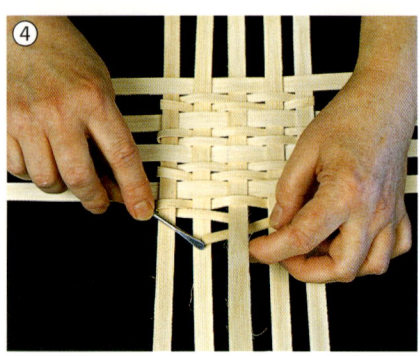
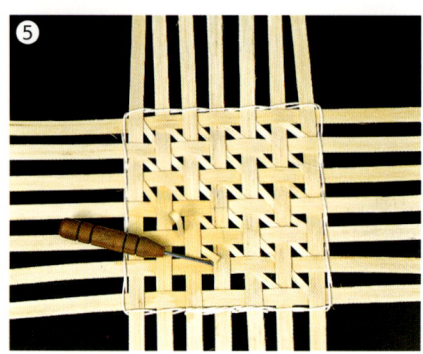

1 Einfachflechten
2 Umfalten
3 Krähenfüße
4 Kettenfüllung
5 Diagonalfüllung

Ende schieben Sie dann wieder längs der gleichen Stake, hinter der Sie den Anfang versteckt haben, ins Geflecht.

TIPP
Die Randstreifen müssen erst gut getrocknet sein, ehe Sie mit der Umwicklung beginnen. Denn bei der Feuchtigkeitsaufnahme dehnen sich die Schienen etwas aus, und die Umwicklung sitzt fester und enger, wenn sie über trockenen Schienen vorgenommen wird.

Das Ausfüllen des Bodens

Die Böden quadratischer oder rechteckiger Körbe weisen oft noch Lücken zwischen den Staken auf. Diese zu füllen, gibt es verschiedene Methoden.

Beim Einfachflechten fügt man zwischen die Querstaken zusätzliche Schienen ein, die wechselnd über die Längsstaken und unter ihnen hindurch geführt werden; deren Enden liegen im Korbinneren auf den jeweils äußersten Senkrechtstaken auf und bleiben sichtbar.

Das Einflechten mit Umfalten findet gewöhnlich statt, solange der Boden noch in Arbeit ist. In die Lücken werden zusätzliche Quer- oder auch Längsstaken eingeflochten, doch wird das jeweilige Ende umgebogen, in die gleiche Richtung zurückgeführt und unter der nächst erreichbaren Stake auf der Innenseite verwahrt. Die gefitzte Umrandung des Bodens wird gewöhnlich erst nach dem Schließen von Lücken angebracht.

Bei einer weiteren Variante, mit der man Lücken sowohl zwischen Längs- als auch Querstaken schließen kann, spricht man von «Krähenfüßen». Hier werden die Schienen zum Einsetzen etwas länger zugeschnitten als es eigentlich der Bodenbreite entspricht. Nach dem Einflechten werden die beidseits gleichmäßig überstehenden Enden bis zur Bodenaußenkante eingeschnitten, dann zurückgefaltet und mit je einer Hälfte ober- und unterhalb des Flechtfadens selbst über die Außenstake hinweg unter die nächste Stake geschoben.

Für eine so genannte Kettenfüllung muss man den noch separaten Boden flach auflegen können. Man sorgt für gleichmäßigen Abstand zwischen den Staken, dann führt man einen langen Flechtfaden über eine/unter eine in den Lücken fortlaufend über den gesamten Boden. Wird ein weiterer Füllfaden benötigt, wird dessen Anfang zu beiden Seiten des ersteren eingeflochten. Statt über die Kante des Bodenrandes zu laufen und unter

Elizabeth Geisler, Reich dekorierter Nähkorb (Mittelplatte aus Kirschbaumholz mit Achatscheibe und Petoskysteinen, Peddig- und Stuhlflechtrohr, Wachsgarn, Palmblütenstängel, beschichtete Kordel, Eichenholzrahmen, Messingwappen, Lederscharniere, Verschlussknebel aus Knochen, Eichenholzhenkel mit Befestigungen aus Knochen), 17,8 cm Höhe x 30,5 cm Durchmesser, Foto: Steve Meltzer

einer Stake zu verschwinden, kehrt dieser Füller bei der zweiten Flechtrunde zu sich selbst zurück und wird in sich selbst verwahrt.

Eine Diagonalfüllung hat vor allem einen dekorativen Effekt. Die Schienen, die weit schmäler sind als die des Bodens, werden diagonal in den Boden eingeflochten. Sie können von einer Ecke flächig zur gegenüberliegenden Seite laufen oder auch von jeder Ecke ausgehen. Solche Füllungen werden gewöhnlich erst nach Beendigung des ganzen Korbes eingeflochten.

Oben: Polly Adams Sutton, *Sweetgrass with Yellow Cedar,* Süßgras, rötliche und gelbe Zedernrinde, paargeflochten, 12,7 x 7,6 x 17,8 cm, Foto: Bill Wickett

Rechts: Hisako Sekijima, Korb ohne Titel aus Kudzu-Ranken, 17,2 x 17,2 x 44 cm

Michael Davis, *Flower Series - Yellow Dahlia in Blossom,* Peddigrohr, Acryl-und Emailfarben, Steppnadeln, Plexiglas, 71 x71x 48 cm, Foto: Deloye Burell mit freundlicher Genehmigung der Connell Gallery, Atlanta/Georgia

Farben und Färben

Früher oder später möchten alle mit Farben experimentieren. Die geeigneten Farbstoffe finden Sie im Küchenschrank oder im Garten. Alle Materialien, die die Spüle verfärben, ergeben einen schönen Farbstoff für Körbe. Das Flechtmaterial kann vor der Verarbeitung gefärbt werden oder auch nach Fertigstellung des Korbes.

Ausstattung

Die zum Färben nötige Ausstattung hängt von den Farbstoffen ab. Für Farbstoffe, die mit kaltem Wasser angerührt werden, braucht man nur einen Plastikeimer, Gummihandschuhe, ein Sieb und einen Rührlöffel. Für Farbstoffe, die mit heißem Wasser verwendet werden, ist ein nicht-poröser Kessel aus Glas, emailliertem Stahl oder Edelstahl erforderlich. Töpfe aus Kupfer, Aluminium und Gusseisen sind nicht geeignet, da diese Metalle mit den Farbstoffen reagieren und den Färbprozess stören. Wenn das Färbebad erhitzt werden muss, brauchen Sie einen Herd oder eine Heizplatte. Zangen sind nützlich, um das gefärbte Material aus der Farbflotte zu heben. Legen Sie viel Zeitungspapier zum Abdecken der Arbeitsfläche bereit. Die Töpfe können mit Bleiche oder einem Haushaltsreiniger gesäubert werden.

John Skau, Korbgruppe aus der Swollen Plane-Serie, Doppelgeflecht, Köperflechtung und Punkt-Köperung, Birken- und Ahornspäne, Holzfarbstoff, Lack, 75 x 75 x 25 cm

Vorsichtsmaßnahmen

Die Sicherheitsvorkehrungen können gar nicht genug betont werden. Obwohl immer mehr Farbstoffe erhältlich sind, wird den Sicherheitsfragen oft nicht genug Aufmerksamkeit gewidmet, und Naturfarbstoffe können genauso gefährlich sein wie chemische.

Bei der Arbeit mit Farbstoffen sollten Sie immer den gesunden Menschenverstand einsetzen und bestimmte Vorsichtsmaßnahmen befolgen. Tragen Sie eine Staubmaske oder einen Atemschutz, um keine Staubpartikel einzuatmen, und arbeiten Sie in einem gut gelüfteten Raum, damit keine Dämpfe eingeatmet werden. Tragen Sie Schutzkleidung und Gummihandschuhe, damit die Farbstoffe nicht mit der Haut in Kontakt kommen. Halten Sie alle Farbstoffe und Farbbäder von Kindern und Haustieren fern.

Bereiten Sie Farbstoffe nicht in einer Umgebung vor, in der Lebensmittel zubereitet werden. Wenn sich dies nicht vermeiden lässt, decken Sie alle Arbeitsflächen mit Zeitungspapier ab und achten darauf, dass sich keine Nahrungsmittel in der Nähe befinden. Verwenden Sie zur Herstellung von Farbstoffen keinesfalls dieselben Utensilien wie zum Kochen. Sorgen Sie dafür, dass Farbstoffe richtig entsorgt werden und lagern Sie diese nirgendwo, wo sie mit Nahrungsmitteln oder Getränken verwechselt werden könnten.

Wenn Sie mit Farbstoffen arbeiten, sollten Sie wissen, ob die Farbe licht- und farbecht ist. Lichtfestigkeit bedeutet, dass die Farbe nicht verblasst, wenn sie normalen Lichtbedingungen ausgesetzt ist. Da es sich bei Korbmaterial normalerweise um Zellulosefaser handelt, lässt es sich relativ leicht färben. Allerdings dringen Farbstoffe nicht in die Fasern ein – sie decken sie lediglich ab. Wie jede feine Faser

Peddigrohr wird aus der Farbflotte genommen

Ausstattung zum Färben

Lee Zimmerman, *Night Lights-Serie*, japanische Flechtung, zwei-, drei-, vier- und fünffädiges Kimmen, Rattan, Reaktivfarbstoffe, Foto: David Lutrell

bleicht gefärbtes Korbmaterial aus, wenn es über längere Zeit direktem Licht ausgesetzt ist. Chemische Farbstoffe sind normalerweise lichtechter als die natürlichen. Sie sind außerdem farbechter, das heißt, die Farben verblassen nicht und färben nicht auf andere Fasern oder Ihre Hände ab. Chemische Farbstoffe sind für Fasern wie Baumwolle, Wolle und Seide konzipiert worden.

Der Erfolg beim Färben hängt von folgenden Faktoren ab:

- Art des verwendeten Farbstoffs
- Farbstoffmenge
- Wassertemperatur
- Dauer des Farbbads
- Wasserquelle (die Ergebnisse bei chlorhaltigem Wasser sind weniger schön als bei unbehandeltem Wasser)

Natürliche und chemische Farbstoffe funktionieren am besten, wenn eine Beize in die Farbflotte gegeben wird. Mit einer Beize wird der Farbstoff fixiert oder haltbarer gemacht. Sie funktioniert praktisch wie ein Klebstoff, der die Farbe mit dem Material verbindet.

Naturfarbstoffe

Bis Mitte des 19. Jahrhunderts gab es ausschließlich Naturfarbstoffe. Viele Naturfarbstoffe wie Indigo, Krappwurzel und Koschenille sind im Handel erhältlich. Es macht Spaß, die Möglichkeiten von Naturfarbstoffen auszuschöpfen, aber natürliche Farbstoffe sind nicht so farbecht wie chemische und lassen sich auch nicht schneller oder leichter verwenden.

FARBSTOFF AUS WALNUSSSCHALEN

Am häufigsten verwenden Korbflechter zerstoßene Walnussschalen als Naturfarbstoff. Wenn die Walnüsse im Herbst abfallen und die Schalen gesammelt und dann den Winter über gelagert werden, trocknen sie völlig aus und zerfallen zu einem Pulver. (Schalen, die gereift sind, ergeben einen dunkleren Farbstoff als jene, die erst vor kurzem abgefallen sind.)

Zur Herstellung eines Farbstoffs aus Walnussschalen füllen Sie einen Plastikeimer mit 90 Litern Inhalt teilweise mit Wasser und stellen ihn an einen schattigen Ort. Geben Sie einen mit einem Reißverschluss verschlossenen Kissenbezug mit getrockneten Walnüssen inklusive Schalen ins Wasser und verschließen Sie die

Clay Burnette, *One Crazy Quilt,* lange Kiefernnadeln, Wachsgarn, kleine Glasperlen, gefärbt und bemalt, 14 x 12,5 x 40 cm, Foto: George Fulton

Tonne mit einem gut schließenden Deckel. Lassen Sie die Lösung mehrere Tage oder Wochen lang stehen (die Dauer hängt von der gewünschten Farbstärke ab). Rühren Sie die Lösung in dieser Zeit häufig um und verwenden Sie ein Sieb, um Material, das an die Oberfläche steigt, zu entfernen. Wenn die gewünschte Farbtiefe vorhanden ist, nehmen Sie den Kissenbezug mit den Walnüssen heraus. Dadurch lässt sich die Farblösung länger verwenden. Wenn die Walnüsse vorher zerstoßen und/oder gekocht werden, wird die Farbe schneller produziert. Allerdings verkürzt sich dadurch die Zeit, in der der Farbstoff verwendbar ist.

Wenn der Farbstoff eine bestimmte Farbe erreicht hat, was normalerweise nach einem Monat der Fall ist, wird sie nicht mehr dunkler.

> **TIPP**
> Ein Korb wird nicht dunkler, wenn er länger als ein, zwei Minuten in der Walnussküpe steht. Er muss ganz trocknen und erneut gefärbt werden, um eine dunklere Farbe zu erhalten.

Blätter, Ringe, Wurzeln, Beeren, Blumen, Gemüse und Nüsse ergeben wunderschöne Naturfarbstoffe. Um diesen Materialien die Farbe zu entziehen, lassen Sie sie mindestens eine halbe Stunde lang köcheln. Experimentieren Sie mit Metallen wie Eisen und Kupfer, die Sie ins Wasser tauchen, um festzustellen, welche Farben entstehen.

Die Trockenzeit von Körben hängt vom Wetter ab. Je wärmer es ist, desto schneller wird der Korb trocknen. Wenn die Temperaturen draußen unter Null sind, werden Körbe am besten drinnen getrocknet. Feuchtigkeit beeinflusst die Trockenzeit ebenfalls, und wenn Körbe länger als ein paar Tage feucht sind, können sie schimmeln.

> **TIPP**
> Drehen Sie Körbe beim Trocknen hin und wieder, damit der Farbstoff gleichmäßig trocknet. Wenn Körbe nicht dem direkten Sonnenlicht ausgesetzt sind, trocknet der Farbstoff ebenfalls gleichmäßiger.

Chemische Farbstoffe

Bei chemischen Farben handelt es sich um Farbstoffe, die im Labor aus organischen oder anorganischen Verbindungen hergestellt wurden. Beim Flechten werden Direktfarbstoffe und Reaktivfarbstoffe am häufigsten eingesetzt.

In einer Walnussküpe gefärbter Korb. Mit dem Sieb werden Abfälle von der Oberfläche der Küpe abgeschöpft.

Direktfarbstoffe

Direktfarbstoffe lassen sich am einfachsten verwenden, sind aber unter den drei Gruppen, die von Korbflechtern im Allgemeinen verwendet werden, die am wenigsten farb- und lichtechten. Eine Beize (50 g Salz in der Farbflotte und 250 ml Essig im Spülwasser) hilft beim Fixieren der Farbe.

Diese Farbstoffe können aufbewahrt und wieder verwendet werden, aber die Ergebnisse werden heller sein, da die Farbstärke abnimmt.

Reaktivfarbstoffe

Reaktivfarbstoffe sind unter allen drei Farbstoffgruppen die farb- und lichtechtesten. Sie lassen sich leicht mischen, aber es ist größeres Geschick und mehr Geduld erforderlich, um die Farbe zu fixieren. Beim

Jill Choate,
Antler Egg Basket, gefärbtes
Peddigrohr, Geweih,
Rippenkonstruktion,
35 cm Höhe x 30 cm Durchmesser,
Foto: M. Snively

Jill Choate, fächerförmiger Marktkorb,
gefärbtes Rattan, Geweih,
Rippenkonstruktion,
30 cm Höhe x 55 cm Durchmesser,
Foto: M. Snively

FARBEN UND FÄRBEN 39

Färben mit Reaktivfarbstoffen ist eine Beize erforderlich, damit der chemische Prozess ablaufen kann. Meistens handelt es sich dabei um ein Laugenbad.

Diese Farbstoffe können nicht aufbewahrt werden, da sie ihre Stärke nach ein bis zwei Stunden verlieren.

TIPP
Wenn Farbstoff auf einen naturfarbenen Bereich Flechtmaterial gelangt, verwenden Sie ein Wattestäbchen und Bleiche, um den Fleck zu entfernen.

Entsorgen Sie Reaktivfarbstoffe nicht, indem Sie sie einfach in die Küchenspüle gießen. Gießen Sie sie im Garten aus, allerdings nicht in der Nähe von biologischen Klärgruben, Brunnen, Haustieren und Kinderspielplätzen. Wenn eine große Menge Farbstoff verwendet wird, ist ein trockener Brunnen zur Entsorgung des nicht gebrauchten Farbstoffes empfehlenswert. Wenn Farbstoffe in einem gut gelüfteten Bereich gekocht werden, verdunsten sie, sodass nur sehr wenig Flüssigkeit übrig bleibt.

Lagerung von Farbstoffen

Nur Natur- und Direktfarbstoffe können gelagert werden. Sie sollten in luftdichten Behältern von Nahrungsmitteln, Kindern und Haustieren entfernt aufbewahrt werden. Das Symbol für Giftstoffe (Schädel und überkreuzte Knochen) sollte klar auf dem Behälter angebracht werden, sodass der Inhalt nicht mit einem Lebensmittel verwechselt werden kann. Lilafarbener Farbstoff erinnert an Traubensaft und

Rhonda Anderson, *Sentinel*, abgestoßenes Geweih, Gras, 32,5 x 19 x 31 cm

Sheila King, *Points of Nature*, gefärbtes Peddigrohr, Birkenrinde, Stachelschweinstacheln, Birkenpilz, Rattanranken, 25 cm Höhe x 30 cm Durchmesser

Links: Entfernen eines Farbstofflecks

Unten: Patti Quinn Hill, *Wok,* Rattan, lackierte Eschen- und Eichenspäne, Walnuss- und Textilfarbstoff, 24 cm Höhe x 52,5 cm Durchmesser

FARBEN UND FÄRBEN

Farbvariationen des Penland-Geschirrkorbs (Kapitel 7)

könnte leicht für ein Getränk gehalten werden. Er muss daher unbedingt von Kindern ferngehalten werden.

Um einen Direktfarbstoff wieder zu verwenden, muss er erneut erhitzt werden. Wenn ein Direktfarbstoff aufbewahrt wird, verliert er mit jeder neuen Verwendung seine Farbtiefe. Wenn ein Direktfarbstoff länger als ein, zwei Tage steht, ohne wieder erhitzt zu werden, neigt er dazu, sehr fasrig zu werden.

Farbvariationen

Farbe kann den Charakter eines Korbs verändern und zum Markenzeichen werden. Experimentieren Sie und verändern Sie die in diesem Buch vorgestellten Muster. Wechseln Sie dunkle mit hellen Farben ab, oder verwenden Sie Komplementärfarben zusammen. Farbräder sind eine gute Informationsquelle für Farben, die miteinander harmonieren.

Herman Guetersloh, *Melody*, Peddigrohr, Reaktiv- und Säurefarbstoffe, doppelwandige Konstruktion, 112,5 cm Höhe x 60 cm Durchmesser, Foto: Ray Perez

5

Rundenflechten

In der Korbflechterei hört man häufig die Aussage, dass die «Form der Funktion folge». Der Korb im Kolonialstil (Anleitung unten) ist kein Schmuckstück, sondern für den Gebrauch gedacht. Die Form ist Marktkörben aus den Appalachen nachempfunden, mit denen früher die Ernte vom Feld geholt oder auf den Markt getragen wurde. Schließlich gab es vor 100 Jahren keine Plastiktüten. Der Schwinghenkel ist ein dekoratives Element und sorgt dafür, dass sich der Korb leichter tragen lässt. In den Südstaaten wurden Körbe mit Füßen hergestellt, sodass die Luft auch unter dem Korb zirkulieren konnte und der Inhalt nicht verschimmelte.

Korb im Kolonialstil

Lassen Sie sich vom Umfang nicht entmutigen. Obwohl der Korb groß ist, lässt er sich leicht herstellen. Die Materialien sind einfach in der Verarbeitung und die Herstellung des Korbs sollte nur wenige Stunden in Anspruch nehmen. Wenn Sie noch keine Erfahrung mit dem Färben von Peddigrohr haben, flechten Sie den Korb mit Material in Naturfarben, denn schließlich liegt Schönheit in der Einfachheit.

Die Farben des abgebildeten Korbs wurden mit Direktfarbstoffen erzielt. Befolgen Sie die Anweisungen auf der Packung und die in

Billie Ruth Sudduth, Korb im Kolonialstil, 57,5 x 32,5 x 25 cm

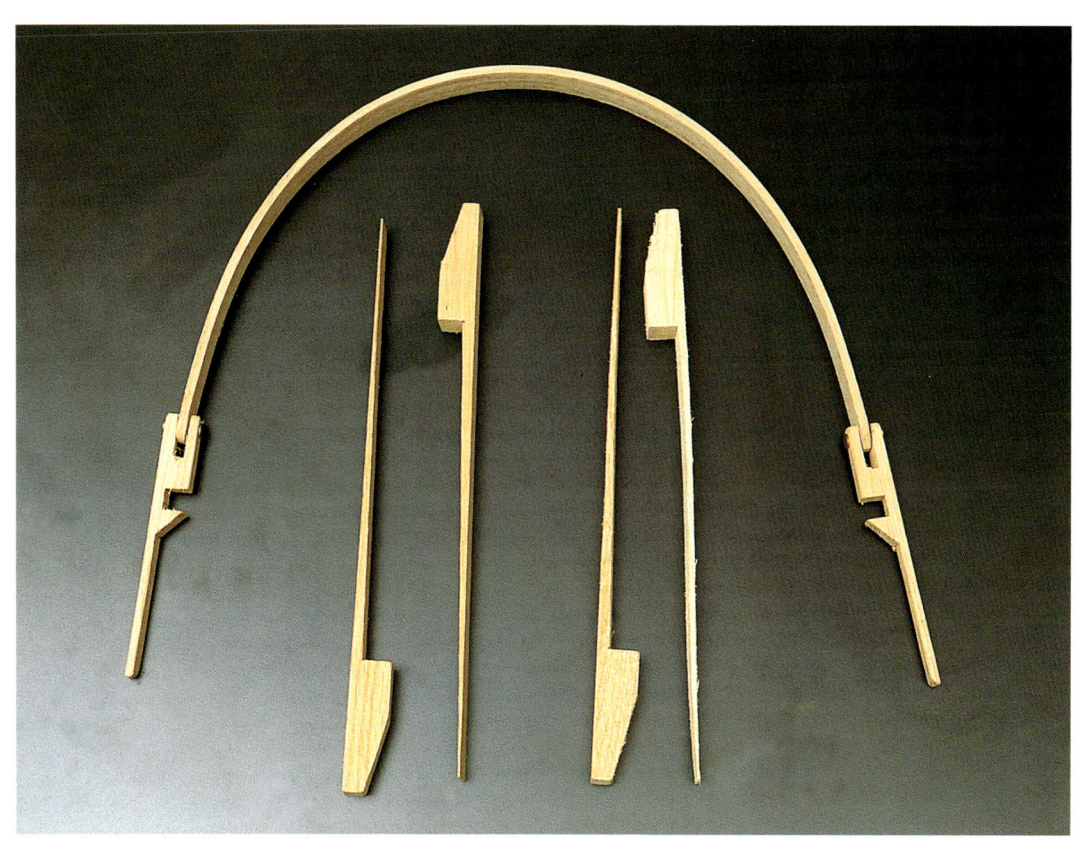

Henkel und Füße für den Korb im Kolonialstil

Materialien für den Korb im Kolonialstil	
Schwinghenkel (30 cm) mit Messingnieten	
4 Korbfüße (25 – 30 cm)	
Flachschienen (2 cm) für die Staken:	11 Stück à 95 cm, 9 à 102,5 cm zuschneiden
Flachschienen (1,2 cm) als Faden:	4 Stück à 160 cm zuschneiden
Flachschienen (2 cm) als Faden:	4 Stück à 160 cm zuschneiden
Flachschienen (0,6 cm) als Faden:	3 Stück à 160 cm zuschneiden
Flachschienen, gefärbt (0,6 cm) als Faden:	8 Stück à 160 cm zuschneiden
Flachschienen, gefärbt (1,6 cm) als Faden:	2 Stück à 160 cm zuschneiden
Flachovalschienen (1,6 cm) für den Rand:	2 Stück à 160 cm zuschneiden
Flachschiene (0,6 cm) oder Flachovalschiene (0,4 cm) zum Umwickeln:	ca. 180 cm (es können 2 kürzere Stücke verwendet werden)
Rundstab Nr. 5 als Randfüller:	160 cm
Rundstab Nr. 3 zum Fitzen des Bodens:	ca. 180 cm

Billie Ruth Sudduth, Variation des Korbs im Kolonialstil, 30 x 35 x 37,5 cm

Kapitel 4 beschriebenen Sicherheitsmaßnahmen.

Vorbereitung

Schwinghenkel und Füße werden leicht abgeschmirgelt. Auf diese Weise werden Splitter entfernt und Henkel und Füße zum Färben vorbereitet.

Legen Sie jeweils die «gute» und «schlechte» Seite der Staken fest. Weichen Sie sie in Wasser ein, wobei sich die gute Seite nach außen krümmt. Es ist einfacher, die Staken für den Boden hinzulegen, wenn sich alle in dieselbe Richtung krümmen. Markieren Sie den Mittelpunkt auf der Innenseite jeder Stake. Statt zum Messen ein Lineal oder Maßband zu verwenden, biegen Sie die Flachschienen einfach leicht zur Hälfte um, ohne sie dabei zu knicken.

Den Boden flechten

Legen Sie die neun 102,5 cm langen Staken der Länge nach hin und richten Sie die Mittelpunkte aneinander aus. Der Abstand zwischen den einzelnen Staken sollte ca. 1,2 cm betragen. Die raue Seite der Staken mit der Mittelpunktmarkierung sollte nach oben zeigen. Die glatte Seite sollte flach auf dem Tisch aufliegen. Achten Sie darauf, dass die Zwischenräume zwischen den Staken eher an Quadrate und nicht an Rechtecke erinnern

TIPP

Verwenden Sie einen Stakenbeschwerer, um die waagrechten Staken an Ort und Stelle zu halten, während sie verflochten werden.

Verflechten Sie eine 95 cm lange Stake über die Mittelpunktlinien, wobei Sie sie jeweils über und unter allen neun Staken herführen. Flechten Sie fünf 95 cm lange Staken links von der mittleren Stake und fünf 95 cm lange Staken rechts von der Mittellinie ein, wobei jeweils ein Abstand von 1,2 cm zwischen den einzelnen Staken eingehalten wird. Nach Fertigstellung des Bodens sollten neun waagrechte Staken und 11 senkrechte verarbeitet worden sein.

Bodenmaße

Richten Sie den Boden so aus, dass er 32,5 x 25 cm misst. Es ist wichtig, bei den Bodenabmessungen genau vorzugehen, damit später der Henkel passt. Wenn der Boden zu klein ist, hängt der Henkel über die Enden des fertigen Korbs herab. Ist der Boden zu groß, fällt der Henkel in den Korb hinein.

Um die Tiefe des Korbs zu überprüfen, legen Sie den Henkel auf den geflochtenen Boden. Die Länge mag zu kurz scheinen, aber bei den Maßen 32,5 x 25 cm wird der Henkel perfekt passen.

Den Boden fitzen

Weichen Sie den Rundstab Nr. 3 und die Fäden einige Minuten in Wasser ein. Wenn einige Fäden gefärbt wurden, werden sie getrennt von den anderen und nur kurz eingeweicht. Flechten Sie einmal mit dem Rundstab Nr. 3 um den Boden herum. Beginnen Sie an einer der langen Seiten des Bodens, also nicht an den Eckstaken. Biegen Sie den Rundstab vorsichtig zur Hälfte um, sodass er nicht bricht. Platzieren Sie das umgebogene Ende des Rundstabs um eine Stake auf dem Boden des Korbs. Es spielt keine Rolle, in welche Richtung Sie fitzen. Der Teil des Rundstabs, der sich unter einer Stake befindet, wird bei der nächsten Stake oben liegen, während der Teil, der sich gerade

Billie Ruth Sudduth, Sammlung ineinander gestellter Flechtkörbe (auf der Grundlage des Schachmusters von Sosse Baker)

oben befindet, dann unter der nächsten liegen wird. Gleichzeitig werden zwei Fäden um den Korb herumgeführt, wobei sie zwischen jeder Stake eine halbe Drehung erfahren.

Durch diese Flechtart werden alle Bodenstaken an Ort und Stelle gehalten. Wenn die Fäden beim Fitzen hinter einer Ecke liegen, kehren Sie die Position um, sodass die Ecke mit erfasst wird. Wenn der Ausgangspunkt erreicht ist, verwahren Sie die losen Enden unter vorhergehenden Reihen und schneiden überschüssige Längen ab.

Jetzt erfolgt das Aufbiegen. Nachdem alle Staken aufgebogen wurden und flach auf dem Boden liegen, legen Sie einen Stakenbeschwerer auf den Boden, damit er flach bleibt.

Die Seiten flechten

Die ersten beiden Reihen eines Korbs sind immer die schwierigsten, was Sie jedoch nicht entmutigen sollte. Selbst erfahrene Flechter machen an dieser Stelle Fehler.

Die Korbform ist wichtig für den akkuraten Sitz des Henkels. Beim

FLECHTTECHNIKEN FÜR DEN KORB IM KOLONIALSTIL

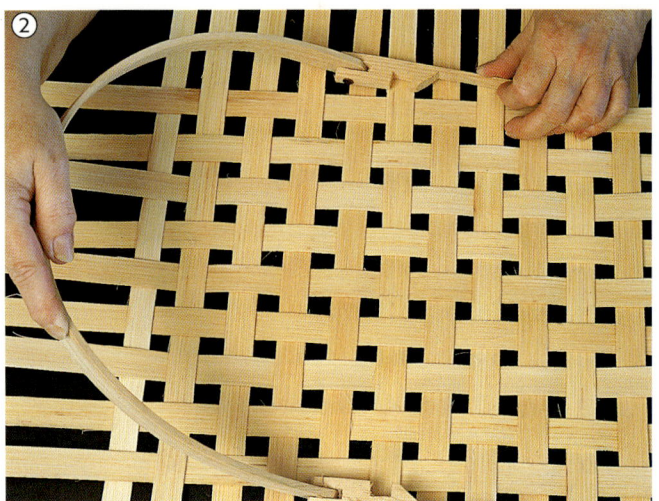

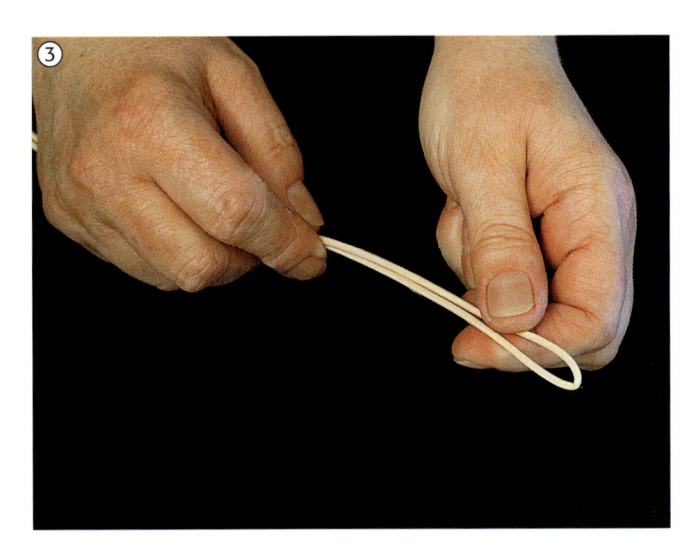

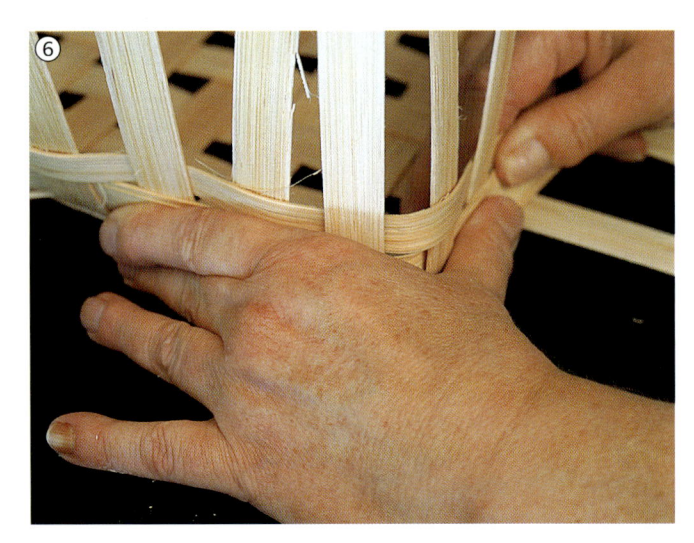

FLECHTTECHNIKEN FÜR DEN KORB IM KOLONIALSTIL

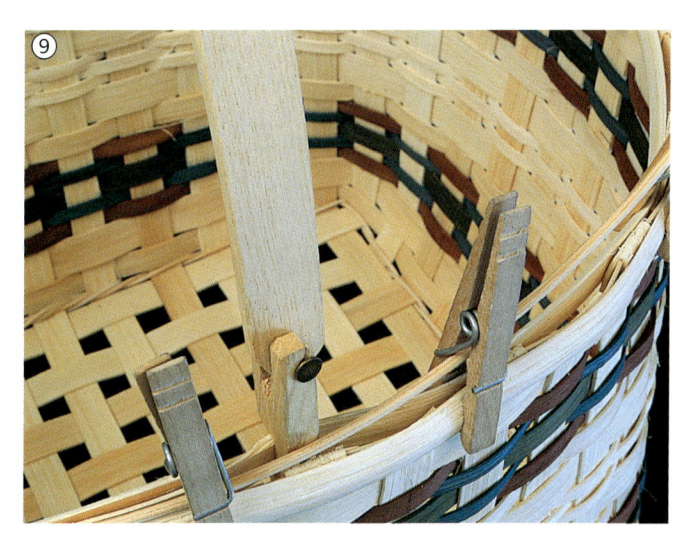

1 Ein Stakenbeschwerer hält die waagrechten Staken an Ort und Stelle, während sie verflochten werden

2 Mit dem Henkel wird die Breite des Korbs überprüft

3 Biegen des zum Fitzen verwendeten Fadens

4 Fitzen des Bodens

5 Fitzen einer Ecke

6 Kontrolle der Spannung des Flechtfadens beim Umrunden einer Ecke

7 Anfang der ersten Flechtreihe an der Innenseite einer Stake

8 Einsetzen des Henkels an der Innenseite des Korbs

9 Anbringen des Rands

10 Einsetzen der Füße entlang einer Stake

Rowena Bradley, Cherokee-Korb aus Stuhlflechtrohr, Zäunung und Köperflechtung, 22,5 x 35 x 37,5 cm

Patti Simmons, *False Impressions*, Eichenspäne, Rotangrohr, Holzboden, rote Mahagonibeize, Zäunung, 20 x 25 x 24 cm

Flechten der Seiten bedenken Sie, dass der Abstand zwischen den Staken den Korb hinauf immer derselbe bleiben muss.

Fehler treten meistens an den Ecken auf. Achten Sie darauf, dass sich das über und unter die Staken hergeführte Muster fortsetzt und die Spannung gleich bleibt, wenn die Ecken umrundet werden. Es ist hilfreich, jeweils die hohle Hand um die Ecke zu legen, während sie mit dem Faden umrundet wird.

Die Seitenwände werden in der Rundenflechttechnik gearbeitet. Platzieren Sie eine 1,2 cm breite Flachschiene an der Innenseite des Korbs hinter einer Stake. Sichern Sie den Faden mit einer Klammer. Flechten Sie gegen den Uhrzeigersinn um den Korb herum und führen Sie den Faden jeweils über und unter den Staken her, bis der Ausgangspunkt erreicht ist. Gehen Sie zwei Staken über den Ausgangspunkt hinaus und schneiden Sie das Ende des Fadens ab. Schieben Sie die losen Enden hinter eine Stake, sodass sie weder von der Innenseite noch der Außenseite des Korbs sichtbar sind. Wenn die losen Enden noch sichtbar sind, müssen sie wie in Kapitel 3 beschrieben «gewendet» werden.

Muster für die Seitenwände
Folgendes Muster wurde für die Seiten des Korbs im Kolonialstil verwendet:

Reihe 1	Flachschiene, 1,2 cm
Reihe 2	Flachschiene, 2 cm
Reihe 3	Flachschiene, gefärbt, 0,6 cm
Reihe 4	Flachschiene, gefärbt, 0,6 cm
Reihe 5	Flachschiene, gefärbt, 1,6 cm
Reihe 6	Flachschiene, gefärbt, 0,6 cm
Reihe 7	Flachschiene, gefärbt, 0,6 cm
Reihe 8	Flachschiene, 1,2 cm
Reihe 9	Flachschiene, 2 cm
Reihe 10	Flachschiene, 0,6 cm
Reihe 11	Flachschiene, 0,6 cm
Reihe 12	Flachschiene, 0,6 cm
Reihe 13	Flachschiene, 2 cm
Reihe 14	Flachschiene, 1,2 cm

Reihe 15	Flachschiene, gefärbt, 0,6 cm
Reihe 16	Flachschiene, gefärbt, 0,6 cm
Reihe 17	Flachschiene, gefärbt, 1,6 cm
Reihe 18	Flachschiene, gefärbt, 0,6 cm
Reihe 19	Flachschiene, gefärbt, 0,6 cm
Reihe 20	Flachschiene, 2 cm
Reihe 21	Flachschiene, 1,2 cm
Randreihe	Flachovalschiene, 1,6 cm

Beginnen Sie mit der zweiten Flechtreihe auf der gegenüberliegenden Seite des Korbs. Platzieren Sie das Ende des Fadens hinter einer Stake, bei der in der ersten Reihe ein Faden vorne vorbeigeführt wurde. Flechten Sie nun die zweite Reihe um den Korb herum. Bei dieser Reihe wird der Faden entgegengesetzt zur ersten unter und über den Staken hergeführt. Platzieren Sie Anfang und Ende jeder Reihe jeweils auf der gegenüberliegenden Seite des Korbs, damit keine offensichtliche Ausbuchtung entsteht.

Die Spannung des Flechtwerks und die Abstände zwischen den Staken sollten im Verlauf der Arbeit konstant bleiben.

Abknicken und Verwahren

Nach dem Flechten der obersten Reihe führen Sie diesen Arbeitsgang nach der Anleitung in Kapitel 3 durch.

Den Henkel einsetzen

Der Henkel wird an der Innenseite des Korbs entlang der mittleren, 95 cm langen senkrechten Stake zu beiden Seiten des Korbs angebracht. Da, wo der Henkel befestigt wurde, sollten sich rechts und links von ihm jeweils fünf Staken befinden. Da der Henkel so dick ist, werden mehrere Flechtreihen übersprungen, bevor Sie mit dem Einsetzen beginnen. Der Rand hält den Henkel an den Kerben fest.

Umranden Sie den Korb wie in Kapitel 3 beschrieben. Legen Sie eine 1,6 cm breite Flachovalschiene innen und außen an die oberste Reihe des Geflechts, wobei sich diese nicht am Henkel überlappen. Setzen Sie einen Rundstab Nr. 5 als Füller zwischen den Randstücken ein. Umwickeln Sie die Ränder mit einer 0,6 oder 0,4 cm breiten Flachovalschiene. Führen Sie am Henkel ein «X» aus, um ihn an Ort und Stelle zu halten. Die Umwicklung verläuft hinter dem Henkel an der Korbinnenseite diagonal, überkreuzt den Henkel an der Außenseite und wird wieder zur Innenseite geführt. Die Umwicklung wird wieder nach außen geführt und diagonal weiter geführt, sodass das X entsteht. An der Korbinnenseite bildet sich kein X.

TIPP

Der für die Umwicklung verwendete Faden sollte zweieinhalbmal so lang sein wie die Gesamtlänge des Randes.

Gewickeltes «X» zur Sicherung des Henkels

Links: David Paul Bacharach, *Wye River Morning,* Kupfer, Bronze, chemische Patina, geflochten, 50 cm Höhe x 26 cm Durchmesser

Unten: Joyce Schaum, Korb mit Griffen, gefärbtes Peddigrohr, Eichengriffe, Zäunung, 54 cm Höhe x 37,5 cm Durchmesser

RUNDENFLECHTEN 53

Billie Ruth Sudduth, gezäunter Ellbogenkorb, 62,5 x 52,5 x 16 cm

Nadine Tuttle, Innenrinde der Weide, gezäunt, Rand aus Außenrinde, Emufeder, 12,5 x 25 x 12,5 cm

Die Füße einsetzen

Platzieren Sie die Füße bei jeder Eckstake an der langen Seite des Korbs. Sie werden an der Aussenseite des Korbs entlang einer Stake eingesetzt. Die Füße werden von dem Geflecht an Ort und Stelle gehalten.

Der Boden wird durch Einfachflechten ausgefüllt. Nach Fertigstellung sollte der Korb 57,5 cm Höhe (einschließlich Henkel) x 32,5 cm x 25 cm messen. Durch Färben in einer Walnussschalenküpe erhält er eine Patina. Befolgen Sie die Anweisungen für das Färben und Trocknen in Kapitel 4.

Variationen

Um das Aussehen des Korbs im Kolonialstil zu verändern, können zwei Griffe anstelle eines Schwinghenkels verwendet werden. Die Füße können ebenfalls weggelassen werden.

Bei größeren Körben verwenden Sie breitere Flachschienen für die Staken. Schmalere Staken werden bei kleineren rundgeflochtenen Körben eingesetzt. Verwenden Sie den Korb im Kolonialstil als Muster für einen geflochtenen Korb im eigenen Design. Legen Sie die Größe des Korbs fest. Die Länge der Staken wird berechnet, indem die doppelte Höhe zu der Breite sowie 10 bis 15 cm für das Abknicken und Verwahren addiert werden. Dies ist das Maß für die senkrechten Staken. Um die Länge der waagrechten Staken festzulegen, wird die doppelte Höhe zu der Länge sowie 10 bis 15 cm für das Abknicken und Verwahren addiert. Diese Formel gilt für fast jeden Korb. Die Länge der Fäden wird so berechnet: Die doppelte Breite wird zu der doppelten Länge sowie 10 bis 15 cm für das Überlappen addiert.

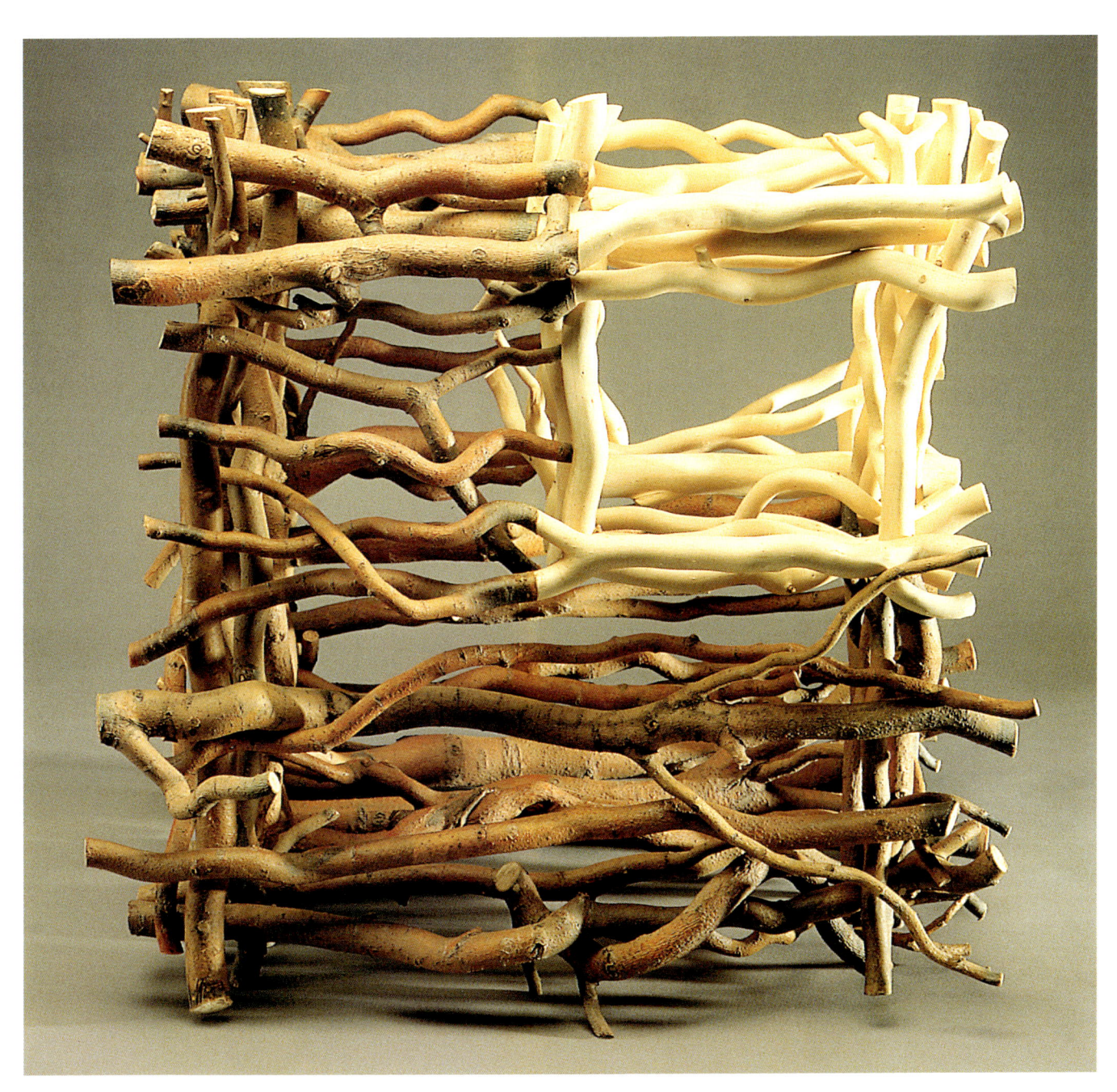

Dorothy Gill Barnes, *Willow with White Window,* Korkenzieherweide, teilweise geschält, Zapfenkonstruktion, 60 x 60 x 55 cm, Foto: Doug Martin

6
Fortlaufendes Flechten

*E*nde des 18. und zu Beginn des 19. Jahrhunderts waren die Shaker sehr bekannt für ihre Korbarbeiten. Sie begannen mit der kommerziellen Produktion, um ein Einkommen für ihre Religionsgemeinschaft zu erzielen. Um ein einheitliches und einfaches Design zu gewährleisten, setzten sie Formen ein. Einige dienten zur Herstellung von Körben in der Form von Katzenköpfen, die auf vier Füßen stehen. Wenn der Korb umgedreht wird, erinnern die Füße an die Ohren einer Katze, und der Katzenkopf wird zum eigentlichen Korb.

Katzenkopf-Wandkorb im Stil der Shaker

Zu diesem Korb wurde ich durch die Körbe der Shaker angeregt. Allerdings wurde er – anders als bei den Shakern – ohne Form hergestellt. Der Korb wurde ausschließlich von Hand geformt, sodass die Ergebnisse bei verschiedenen Körben nie ganz gleich sein werden. Der Katzenkopf-Wandkorb im Stil der Shaker wird, wie der Name schon sagt, an die Wand gehängt. Doch aufgrund seiner Form sieht der Korb auch toll aus, wenn er auf seinen Füßen steht.

Fred Ely, *Rain,* Kirschholz, Stuhlflechtrohr, gefärbte Stachelschweinstacheln, Foto: Don Rutt

Billie Ruth Sudduth, Katzenkopf-Wandkorb im Stil der Shaker, gefärbte Peddigflachovalschienen, Eichenspäne, Zäunung, 25 x 21,2 x 8,7 cm

Materialien für den Katzenkopf-Wandkorb im Stil der Shaker

Europäische Flachovalschienen (0,7 cm) für die Staken	7 Stück à 87,5 cm zuschneiden
	17 Stück à 77,5 cm zuschneiden
Europäische Flachovalschienen (0,4 cm) als Fäden	3 bis 4 lange, naturfarbene Stücke
	12 bis 15 lange, gefärbte Stücke
Flachschiene (0,7 cm) für die Randreihe	1 Schiene à 75 cm zuschneiden
Flachschiene (0,9 cm) für den Rand	2 Stücke à 75 cm zuschneiden
Eichengriff mit Seitenkerben, 7,5 cm	
Europäische Flachovalschienen (0,4 cm) für die Umwicklung	1 langes, naturfarbenes Stück

TECHNIKEN FÜR DEN KATZENKOPF-WANDKORB IM STIL DER SHAKER

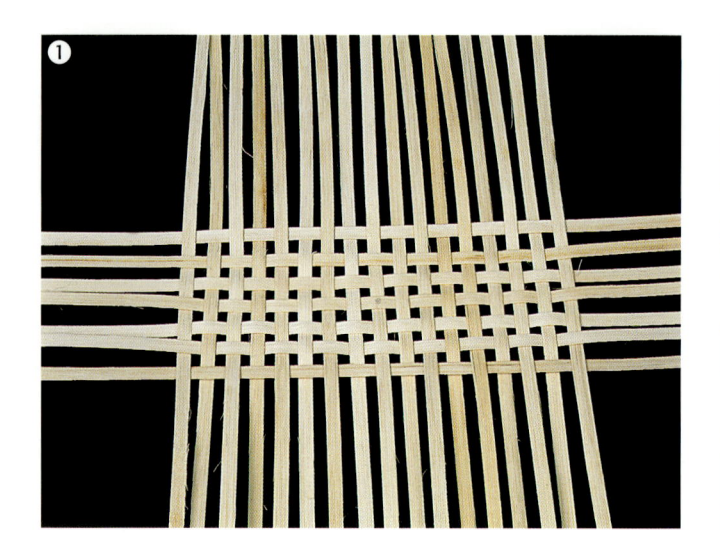

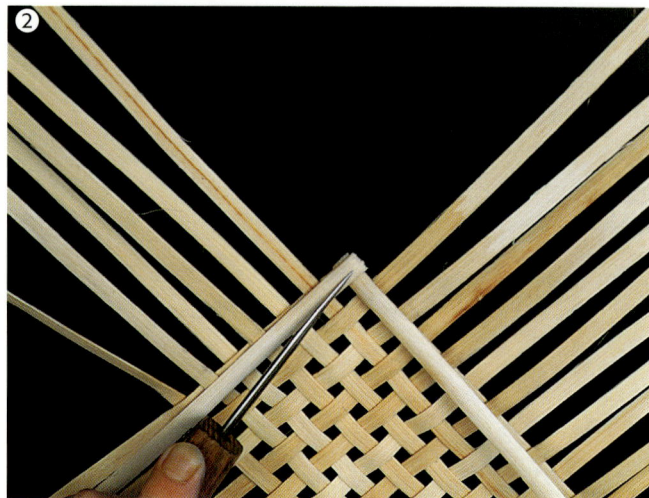

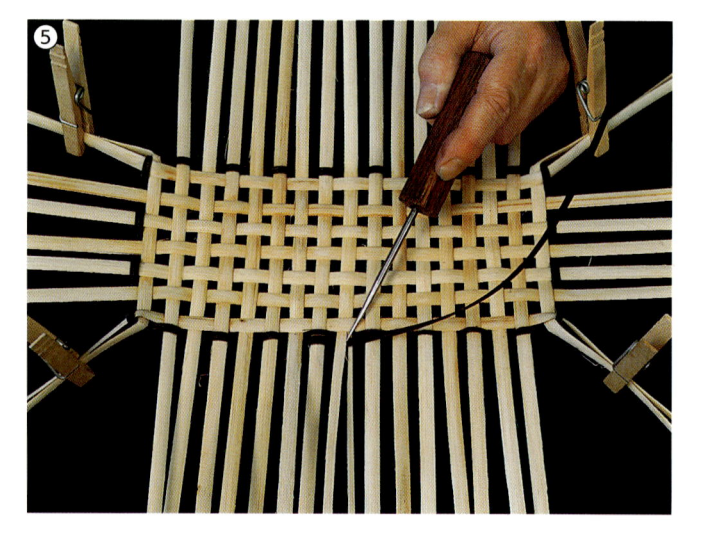

1 Boden des Katzenkopfkorbs
2 Aufbiegen der vier Ecken
3 Spalten einer Stake
4 Spitz zulaufender Faden hinter der Stake links von der gespaltenen Stake
5 Anfang von Runde 2

TECHNIKEN FÜR DEN KATZENKOPF-WANDKORB IM STIL DER SHAKER

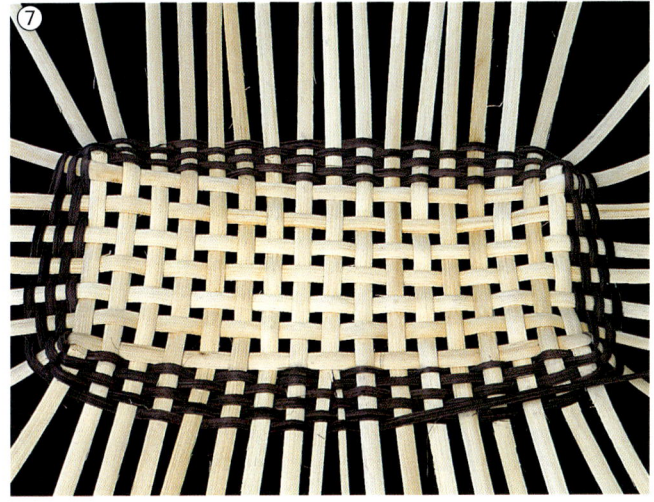

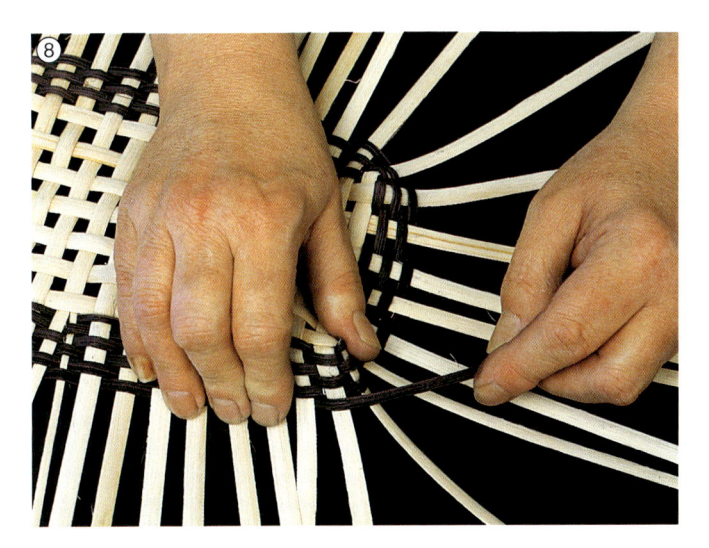

6 Verwendung des Griffs als Richtschnur für die Platzierung der Bodenstaken
7 Sich fächerförmig ausbreitender Boden in Runde 5
8 Erhöhung der Spannung an den Ecken
9 Biegen des Bodens an einer flachen Tischkante
10 Formen der Ecken

TECHNIKEN FÜR DEN KATZENKOPF-WANDKORB IM STIL DER SHAKER

11 Übergang der Flechtarbeit von dunkel nach naturfarben
12 Spitz zulaufender Faden am Ende der letzten Flechtrunde
13 Einfügen des Griffs

Vorbereitung

Schmirgeln Sie den Griff leicht ab. Weichen Sie die Materialien kurz in einem Topf Wasser ein, damit sie biegsamer werden. Bei der Verwendung von gefärbten Flachschienen weichen Sie diese separat und nur für kurze Zeit ein, damit die Farben nicht auf die anderen Flechtmaterialien ausbluten. Dieser Korb wirkt sehr schön, wenn er mit zwei Farben geflochten wird. In Kapitel 4 finden Sie Informationen zu Farbstoffen und zum Färben. Richten Sie sich nach den Anweisungen des Herstellers und halten Sie sich immer an die Sicherheitsrichtlinien. Der Katzenkopfkorb wirkt auch sehr schön – und ähnelt stärker den Originalen der Shaker –, wenn er nur in einem Naturton gearbeitet wird.

Den Boden flechten

Die Staken werden genau wie für den Korb im Kolonialstil in Kapitel 5 hingelegt. Die flache Seite der Staken zeigt nach oben, und die flachovale Seite liegt auf dem Tisch. Der Boden wird so hingelegt, dass die Korbinnenseite nach oben zeigt. Er besteht aus 7 waagrechten und 17 senkrechten Staken. Wenn sich alle Staken an Ort und Stelle befinden, sollte der Boden 21,2 x 8,7 cm messen. Passen Sie den Korbboden an, bis er diese Maße hat. Biegen Sie den Korb nicht auf. Nur die Stakenpaare an den vier Ecken werden aufgebogen. Dies dient zur Herstellung der Korbfüße.

Eine Stake spalten

Um ein fortlaufendes Flechtmuster auszuführen, wird eine Stake gespalten, sodass eine ungerade Zahl Staken vorhanden ist. Andernfalls müssten Sie eine Stake hinzufügen oder am Ende jeder Runde den Faden einmal über oder unter zwei Staken herführen.

Spalten Sie die mittlere Stake an einer der langen Korbseiten vorsichtig. Diese Seite wird die Rückseite des Korbs bilden. Spalten Sie die Stake über ihre Gesamtlänge bis zum geflochtenen Boden, wobei Sie

Jackie Abrams, *Urn of Violets,* Papier, Farbe, Wachsgarn, Lack, 22,5 x 27,5 x 27,5 cm, Foto: Greg Hubbard

Johanna Heller, *Garlic Pot,* Boden in Durchbrucharbeit, Peddigrohr, Seegras, Zäunung, 15 cm Höhe x 20 cm Durchmesser

Takesonosai, Korb ohne Titel, geräucherter Bambus, Foto: Textile Arts Gallery, Santa Fe, New Mexico

an den Ecken jeweils mit Wäscheklammern zusammen. Führen Sie den zugespitzten Faden hinter der Stake links von der gespaltenen Stake an der Rückseite des Korbs ein. Die flachovale Seite des Fadens zeigt dabei nach außen. Beginnen Sie mit dem Flechtmuster, indem Sie den Faden jeweils über und unter eine Stake führen, bis die Runde um den Korbboden herum abgeschlossen ist. Bei dieser ersten Runde behandeln Sie die gespaltene Stake so, als sei sie nicht geteilt worden. Wenn die gespaltene Stake in der zweiten Runde erreicht wird, setzt sich das Flechtmuster über eine/unter eine automatisch fort. Jetzt wird die gespaltene Stake wie zwei separate Staken behandelt. Die erste Flechtrunde ist die sichernde Runde, sodass das Fitzen des Bodens nicht erforderlich ist. Passen Sie die Staken des Bodens für den Griff so an, dass dieser später an der zweiten Stake zu beiden Seiten darauf achten, dass die Stake nicht abgeschnitten wird. Die Stake sollte möglichst gleichmäßig geschnitten werden. Wo sich ursprünglich eine Stake befand, sind also nun zwei separate Staken vorhanden.

DIE SEITEN FLECHTEN

Beim fortlaufenden Flechten kann der Faden so angepasst werden, dass der Flechtanfang nicht sichtbar ist. Mit einer spitzen Schere schneiden Sie ein Fadenende mehrere Zentimeter lang spitz zu, sodass sich der Faden von seiner Gesamtbreite bis zu einer schmalen Spitze verjüngt.

Nach dem Spalten der Stake und dem Zuschneiden des ersten Fadens drehen Sie den Korb um. Die flachovale Seite der Staken zeigt nach oben und die flache liegt auf dem Tisch. Halten Sie die zwei Staken

Alice Ogden, niedriger Obstkorb, Schwarzeschen- und Weißeichenspäne, über einer Form geflochten, 30 cm Höhe x 20 cm Durchmesser und 10 cm Höhe x 7,5 cm Durchmesser, Foto: Charley Fryebury

der gespaltenen Stake angebracht werden kann. Diese Staken müssen möglicherweise für den Griff leicht nach rechts oder links verschoben werden, sodass dieser sich an den Staken ausrichtet.

TIPP
Verwenden Sie den Griff als Richtschnur für die Platzierung der Bodenstaken. Es ist leichter, die Abmessungen am Anfang anzupassen als nach Fertigstellung der Flechtarbeit.

Die Fadenführung über eine/unter eine in der zweiten Runde erfolgt entgegengesetzt zur Fadenführung in der ersten. Wenn der erste Faden fast ganz verflochten ist, fügen Sie einen neuen wie in Kapitel 3 beschrieben hinzu. Der erste und der neue Faden überlappen sich über zwei Staken hinweg. Die neuen Fäden sollten nicht spitz zugeschnitten werden. Achten Sie darauf, dass die losen Enden weder von der Innen- noch von der Außenseite des Korbs sichtbar sind.

Formgebung
Die zwei Staken an den Ecken werden weiter mit Klammern zusammengehalten, während Sie die ersten fünf Runden flechten. Im weiteren Verlauf der Arbeit achten Sie darauf, dass sich die Staken fächerförmig ausbreiten und die Ausbauchung des Bodens erweitern. Dies muss in jeder Runde geschehen und an jeder Ecke, um die gewünschte Form zu erhalten. Während der ersten Runden wird der Korb praktisch verkehrt herum geflochten.

Nach Fertigstellung der fünften Runde entfernen Sie die Wäscheklammern, achten aber darauf, dass sich der Boden weiter fächerförmig ausbreitet. Setzen Sie die Flecht-

Unbekannt, vietnamesische Futterschwinge, Bambus, Zäunung, 40 cm Durchmesser

arbeit auf diese Weise fort, bis die Abstände zwischen den einzelnen Staken ziemlich gleichmäßig sind. Während die ersten fünf Runden geflochten werden, erhöhen Sie die Spannung des Fadens, wenn Sie ihn um die Ecken führen. Anfänglich werden die Ecken zusammengedrückt, damit sich der Boden nach oben biegt. Beim weiteren Verlauf der Arbeit umfassen Sie die Ecken mit der hohlen Hand, wenn Sie sie umrunden. Ziehen Sie die Ecken nach innen in Richtung Korbboden.

Wenn 12 bis 15 Runden fertiggestellt sind, biegen Sie alle Seiten des Bodens an einer flachen Tischkante. Dies ähnelt dem Aufbiegen, wird jedoch viel später durchgeführt, um die Katzenkopfform zu erhalten. Platzieren Sie den Korb auf dem Tisch und flechten Sie noch einige Runden verkehrt herum weiter. Die Spannung an den Ecken wird weiter erhöht, indem Sie sie in Richtung Boden ziehen. Die Staken breiten sich weiterhin fächerförmig aus. Zwischen der 15. und 20. Reihe sollte eine stark nach oben gerichtete Form sichtbar werden.

Drehen Sie den Korb in Runde 20 um und flechten Sie nun mit der richtigen Seite nach oben. Jetzt wird der Erfolg Ihrer Formgebung offensichtlich. Der Korb sollte bereits auf seinen Füßen stehen, und die Staken sollten sich fächerförmig ausbreiten. Bei der übrigen Flechtarbeit geht es darum, die Staken nach innen aufeinander zuzuführen, damit die Öffnung oben mindestens so klein ist wie der Bodenbereich. Fahren Sie fort, bis 52 Runden geflochten sind.

Damit sich die Korbseiten nach innen krümmen, erhöhen Sie die Spannung beim Flechten, ziehen den Faden aber nicht zu stark an.

Die Farbe wechseln
Wenn der Korb mit zwei Farben geflochten wird, wechseln Sie in Runde 53 von den gefärbten auf die naturfarbenen Fäden über. Legen Sie das Ende der gefärbten Schiene im Bereich der gespaltenen Stake auf den Anfang der naturfarbenen und flechten Sie weitere fünf

Marion und Arthur Landfors,
Nantucket Purse, Kirschholz,
Eichenspäne, Elfenbein,
20 x 21,2 x 16,2 cm

Runden. Wenn der Korb fertig ist, wird der Farbwechsel sehr dezent erscheinen. Schneiden Sie das Ende des Fadens spitz zu und flechten Sie bis zur gespaltenen Stake.

Abknicken und Verwahren

In dieser Phase sollten 52 Flechtrunden mit gefärbter Schiene und fünf Flechtrunden mit naturfarbener Schiene, also insgesamt 57 Runden vorhanden sein. Flechten Sie eine Flechtreihe am Rand mit einer 0,7 cm breiten Flachschiene. Biegen Sie die äußeren Staken nach innen und verwahren Sie sie unter der dritten Flechtreihe. Schneiden Sie die inneren Staken in Höhe der oberen Flechtreihe ab.

DEN GRIFF EINSETZEN

Der Griff wird entlang der Staken an der Rückseite des Korbs eingesetzt, wo die Stake gespalten wurde. Er wird unterhalb der fünf naturfarbenen Flechtreihen und entlang der dritten Stake zu beiden Seiten der gespaltenen Stake eingesetzt. Die Staken können für den Griff noch angepasst werden.

Umrandung

Das Stück für die Außenumrandung soll sich auf der Rückseite des Korbs zwischen den Staken, wo der Griff eingesetzt wurde, überlappen. Der Innenrand überlappt sich auf der Gegenseite, damit die Umrandungen nicht massig wirken.

Umwickeln Sie die Ränder nach den Anweisungen in Kapitel 3. Bei einem Korb ist es fast nie zu spät, mögliche Probleme zu korrigieren. Wenn die Flechtarbeit nicht straff genug ist, kann sie mit einer Ahle enger zusammengezogen und in den Korb eingearbeitet werden. Es wird sozusagen «die Luft herausgelassen».

Billie Ruth Sudduth, Katzenkopf-Wandkorb im Stil der Shaker, gefärbtes Peddigrohr, Eichenspäne, 25 x 21,2 x 8,7 cm

TIPP

Wenn der Korb nicht gerade steht, manipulieren Sie die Füße von außen oder drücken Sie sie von der Innenseite des Korbs nach außen.

Mit einem Wattestäbchen und Bleiche entfernen Sie Farbe, die möglicherweise auf anderes Flechtmaterial ausgeblutet ist. Wenn der Korb gereinigt wurde und mögliche Haare und Fasern entfernt wurden, kann er in einer Walnussschalenküpe überfärbt werden. Wechseln Sie beim Trocknen jeweils die Seiten, damit er gleichmäßig trocknet.

Farbvariationen

Um das Aussehen des Korbs zu ändern, experimentieren Sie mit verschiedenen Farbkombinationen. Die Staken, die obersten fünf Reihen und der Rand sollten alle dieselbe Farbe haben, während die Fäden andersfarbig sein können. Auch der Griff kann gefärbt werden.

David Paul Bacharach, *Enfield,* Schornsteingefäß, geflochtener Kupfer/Bronzerand, durch Hitze und Chemikalien patiniert, 42,5 x 22,5 x 20 cm

7
Paargeflochtene Körbe

Der in diesem Kapitel beschriebene Korb wurde zu Ehren eines ganz besonderen Orts in North Carolina entworfen und nach ihm benannt: Penland School. Als ich ihn zum ersten Mal herstellte, verwendete ich für den Rahmen und die Bänder ein sehr lebhaftes Türkis und Pfirsich. Aus der Entfernung wirkten die Bänder, als seien sie aus Ton geformt worden. Wenn schwarze Farbstoffe für die Bänder verwendet werden, scheinen sie aus Leder zu bestehen. Vielleicht könnte man andere Farbstoffe ausprobieren und eine Serie als Tribut an andere Kunsthandwerke entwickeln.

Beim Paarflechten werden zwei Fäden gleichzeitig verflochten, wobei der eine vor einer Stake und der andere hinter derselben Stake verläuft. Vor der Umkehrung an der folgenden Stake wird eine halbe Drehung durchgeführt. Wenn gleichzeitig drei oder mehr Fäden verwendet werden, bezeichnet man dies als Kimmen. Das Paarflechten ist leicht zu erlernen und eine sehr zügige Flechtart.

Beim Paarflechten werden fast immer Rundstäbe oder ein anderes rundes Material verwendet, aber die Staken können flach oder rund sein. Beim Paarflechten um runde Speichen herum flechten Sie mit dem Ende des alten Fadens und dem Anfang des neuen Fadens über

Marilyn Moore, *Sentinels*, Kupfer- und Magnetdraht, Edelstahlgewebe, paargeflochten, 21,2 cm Höhe x 15 cm Durchmesser, Foto: William Wicket

Karyl Sisson, *Vessel XXI*, Baumwollköperband, gefärbte Mini-Wäscheklammern, paargeflochten und Näharbeiten, 17,5 x 40 x 35 cm, Foto: Susan Einstein

drei oder vier Speichen hinweg, um die losen Enden zu sichern. Zwischen den paargeflochtenen Runden können Abstände gelassen werden, sie können aber auch dicht aufeinander folgen.

Da die zum Paarflechten verwendeten Materialien sehr flexibel sind, ist eine Vielfalt an Formen möglich. Die Materialien lassen sich leicht mit anderen Materialien und Techniken kombinieren. Das Paarflechten ist auch eine nützliche Methode, um den Boden eines Korbs vor dem Aufbiegen zu sichern, oder es kann zur Konstruktion des ganzen Rahmens verwendet werden, wie dies beim Penland-Geschirrkorb der Fall ist.

Diana Macomber, *Standing Canada Geese,* Rattanranken, einfädiger Draht, Rundflechterei, Paarflechterei, 42,5 x 47,5 x 27,5 cm, 50 x 45 x 25 cm, Foto: Stephen C. Tuttle

PAARFLECHTEN UM EINEN BODEN AUS RUNDSTÄBEN

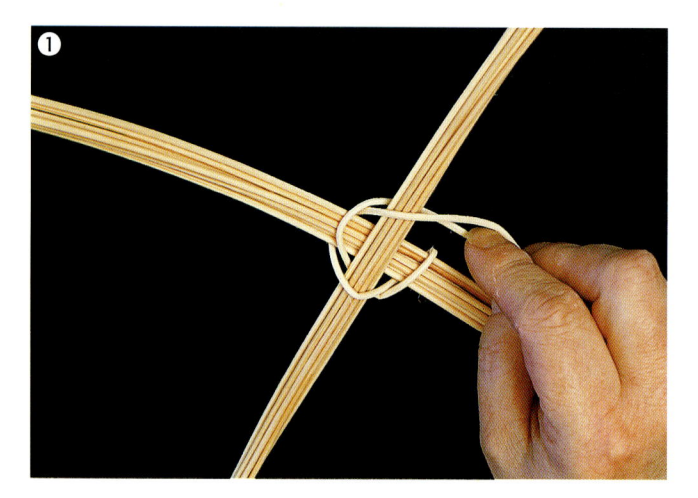

1 Fitzen der ersten Reihe um Gruppen von Rundstäben

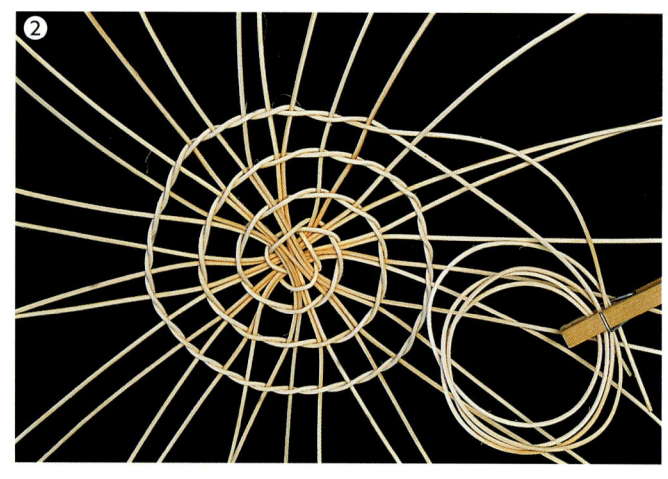

2 Fitzen und Abstandhalten. In diesem Beispiel werden zwischen den Reihen Abstände gelassen.

70 PAARGEFLOCHTENE KÖRBE

Penland-Geschirrkorb

VORBEREITUNG

Schneiden Sie 72 Flachschienen (1,2 cm breit) zurecht und färben Sie diese in einer dunklen Farbe. (In Kapitel 4 finden Sie die entsprechenden Informationen für das Färben.) Weichen Sie die Speichen und Rundstäbe einige Minuten lang in Wasser ein.

TIPP

Rundstäbe brechen leichter als Flachschienen, deshalb müssen sie länger eingeweicht werden.

Markieren Sie die Mittelpunkte aller 12 Speichen auf der rauen Seite. Markieren Sie sechs dieser Speichen jeweils im Abstand von 5 cm zu beiden Seiten des Mittelpunkts.

DEN BODEN FLECHTEN

Beim Penland-Geschirrkorb wird zur Konstruktion des Rahmens ausschließlich das Paarflechten eingesetzt.

Legen Sie die sechs Speichen mit den zusätzlichen Markierungen fächerförmig in einem Kreis hin, wobei die Mittelpunktmarkierungen und Abstände zwischen ihnen gleichmäßig ausgerichtet werden. Legen Sie einen Stakenbeschwerer auf die Bodenmitte, um die Speichen an Ort und Stelle zu halten, während Sie einmal mit zwei Fäden um den Boden herum flechten. Sie beginnen bei den 5-cm-Markierungen. Entfernen Sie den Stakenbeschwerer und flechten Sie insgesamt sechs Reihen.

Wenn der Faden zu Ende geht, verwahren Sie das Ende unter dem Geflecht entlang einer Speiche. Führen Sie das Ende eines neuen Fadens in demselben Bereich ein

Polly Adams Sutton, *Horsetail Root*, Zedernrinde, Schachtelhalm, Paarflechterei, 10 cm Höhe x 17,5 cm Durchmesser, Foto: Bill Wickett

Tressa Sularz, Arbeit an einem Korb aus Wachsgarn in der Paarflechttechnik, 10 cm Höhe x 17,5 cm Durchmesser

Billie Ruth Sudduth, Penland-Geschirrkorb, gefärbtes Peddigrohr, Paarflechten mit eingeflochtenen Flachschienen, 20 x 25 x 25 cm

Materialien für den Penland-Geschirrkorb

Flachschienen (1 cm) für die Speichen	12 Stück à 80 cm Länge zuschneiden
Rundstäbe Nr. 3 zum Paarflechten	10-12 Stück von mindestens 150 cm Länge
Flachschienen (1,2 cm) zum Einflechten	72 Stück à 22,5 cm Länge zuschneiden

HERSTELLUNG DES PENLAND-GESCHIRRKORBS

1 Materialien für den Penland-Geschirrkorb

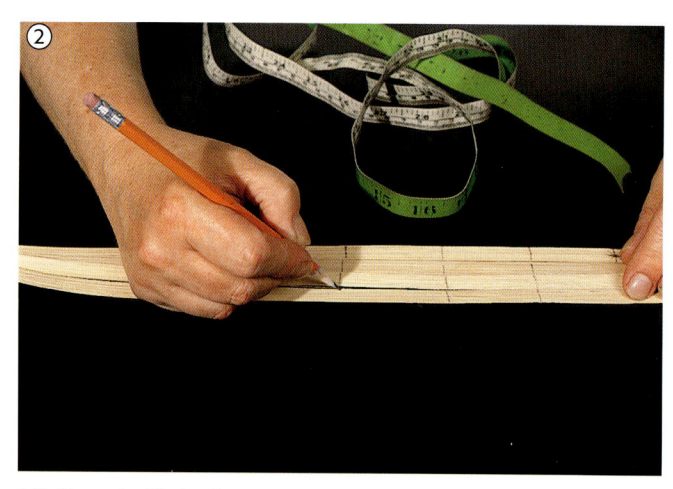

2 Markieren der Mittelpunkte

und setzen Sie die Flechtarbeit fort. Fügen Sie die übrigen sechs Speichen nacheinander hinzu, indem Sie sie zwischen den vorhandenen Speichen einflechten. Fahren Sie mit dem Paarflechten fort, bis der Boden einen Durchmesser von 20 cm hat.

Eine Alternative zum Auslegen des Bodens besteht darin, die sechs Speichen mit den 5-cm-Markierungen aufeinander zu legen, wobei die Mittelpunkte aneinander ausgerichtet werden. Sichern Sie die Speichen mit einem Nagel auf einem Brett und breiten Sie sie dann fächerförmig aus. Flechten Sie sechs Runden in der Paarflechttechnik um die Speichen herum, entfernen Sie den Boden vom Brett und fahren Sie wie oben beschrieben fort.

Bis zu dieser Phase wurde die Flechtarbeit auf der Korbinnenseite mit der rauen Seite nach oben ausgeführt, wobei der Boden flach auf dem Tisch lag. Nehmen Sie den Korb jetzt zur Hand und fahren Sie sechs bis acht Reihen auf der Korbaußenseite mit dem Flechten fort, wobei Sie vorsichtig etwas ziehen, um die Speichen vom Boden weg nach oben zu krümmen. Die

HERSTELLUNG DES PENLAND-GESCHIRRKORBS

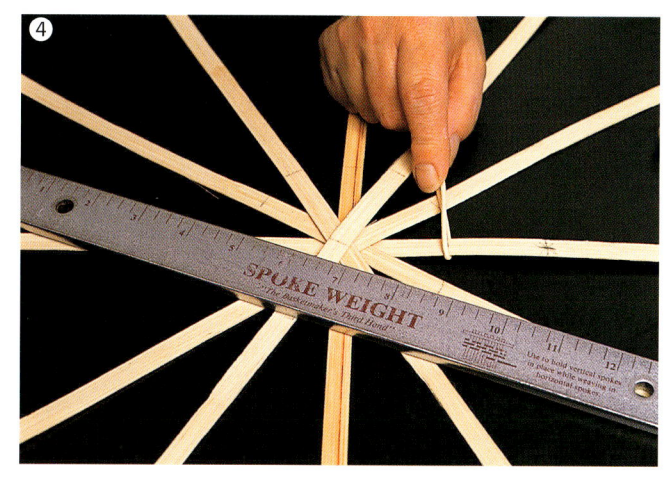

3 Auslegen der Speichen für den Boden
4 Beginn der Flechtarbeit um die Bodenspeichen herum
5 Einen Faden anfügen
6 Den zweiten Satz Speichen hinzufügen
7 Abmessen des Bodens bei einem Durchmesser von 20 cm
8 Paarflechttechnik

PAARGEFLOCHTENE KÖRBE 73

HERSTELLUNG DES PENLAND-GESCHIRRKORBS

Speichen werden nicht aufgebogen oder gefaltet, sondern aufgrund der Spannung, die auf die Fäden ausgeübt wird, leicht nach oben gebogen. Nach Fertigstellung dieser Reihen liegen die Enden der Fäden hinter einer Speiche an der Korbinnenseite.

DIE SEITEN FLECHTEN

Markieren Sie jede zweite Speiche 3,7 cm oberhalb des Punktes, wo die Umflechtung endet. Fügen Sie dann eine zweite Markierung weitere 3,7 cm oberhalb der letzten hinzu und wiederholen Sie diesen Schritt noch zweimal. Die Speichen haben nun vier Markierungen in Abständen von 3,7 cm.

Flechten Sie mit zwei Fäden zwei Runden um jede 3,7-cm-Markierung, wobei Sie knapp unter der Markierung beginnen, damit die zweite Runde an der Markierung verläuft. Die Fäden sollten lang genug sein, um zweimal um den Korb herumgeführt zu werden,

9 Speichen im Abstand von 3,7 cm markieren
10 Form des Penland-Geschirrkorbs nach Abschluss der Flechtarbeit
11 Abknicken der Speichen an der Innenseite des Korbs
12 Die Speichen werden an der Korbinnenseite unter den Flechtreihen verwahrt
13 Eindrücken des Bodens

ohne dass ein neuer Faden hinzugefügt werden muss.

Die ersten beiden Flechtreihen sollten dieselbe Spannung wie der Boden haben. Die nächsten beiden sollten lockerer sein. Wenn Sie um die dritte 3,7-cm-Markierung herum flechten, erhöhen Sie die Spannung leicht, damit sich der Korb nach innen krümmt. Bei der vierten Markierung flechten Sie acht Reihen, wobei Sie jede Reihe jeweils fester als die vorhergehende anziehen.

Abknicken und Verwahren

Weichen Sie die Speichen oberhalb der Flechtung ein. Biegen Sie die Speichen nach innen und schneiden Sie überschüssiges Peddigrohr, das bis unterhalb der letzten acht Flechtreihen reicht, ab. Die Speiche liegt über drei bis vier Flechtreihen und wird unter den verbleibenden Reihen verwahrt. Krümmen Sie den Boden des Korbs, indem Sie

Sue Kolvereid,
Genie of the Deer Yard,
Geißblatt, äußere weiße Zedernrinde, Knochenzehen eines Wilds, Moorhuhnfedern, Paarflechterei,
22,5 cm Höhe x 15 cm Durchmesser,
Foto: Bruce Blank

HERSTELLUNG DES PENLAND-GESCHIRRKORBS

14 Einfügen der ersten Flachschiene

15 Überkreuzen der ersten paargeflochtenen Linie

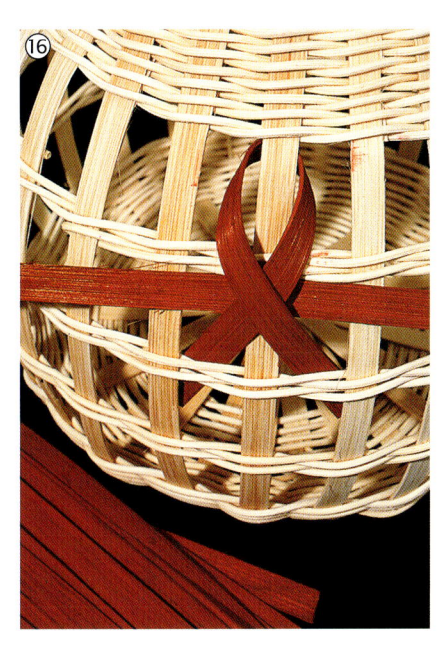

16 Einfügen der zweiten Flachschiene

Marilyn Sharp, *Round and Round*, Papyrus, Wachsgarn, Paarflechten mit Umwicklung, 27,5 x 25 x 25 cm, Foto: R.C. Sharp

gegen ihn drücken. So kann der Korb flach aufsitzen. Wenn der Korbrahmen gefärbt werden soll, sollte dies als nächster Schritt erfolgen, bevor die Bänder eingefügt werden.

Flachschienen einflechten

Um den Penland-Geschirrkorb farbig zu gestalten, habe ich Flachschienen eingeflochten. Dabei werden jeweils drei kurze Fäden entlang einzelner Speichen eingefügt, wobei von oben nach unten gearbeitet wird. Wenn der Rand fertig ist, sind drei geflochtene Doppelreihen zwischen Boden und Rand sichtbar, in einem Abstand von 3,7 cm. Die Flachschienen werden von der oberen Reihe entlang der einzelnen Speichen nach unten eingefügt.

Bevor Sie anfangen, überprüfen Sie die Länge der Flachschienen. Sie sollten nur so lang sein, dass sie auf der Korbinnenseite bleiben. Je enger die Flechtung ist, desto kürzer müssen die Flachschienen sein.

Legen Sie ein 22,5 cm langes Stück gefärbte Flachschiene (1,2 cm breit) hinter eine Speiche, wobei die rauen Seiten aufeinander liegen. Dieses Stück wird direkt unterhalb des Randes über der ersten Doppelflechtreihe eingearbeitet. Bringen Sie die Enden dieses 1,2 cm breiten Stücks zu beiden Seiten der Speiche nach vorn. Kreuzen Sie es über der Flechtlinie und lassen Sie die Enden hinter der zweiten Doppelflechtreihe im Korbinnern liegen.

Wiederholen Sie diesen Schritt noch zweimal an dieser Speiche. Verwenden Sie ein weiteres 1,2 cm breites Stück, das Sie hinter die Speiche unter der oberen Flechtreihe legen und nach außen führen. Wenn diese Stücke überkreuzt werden, um hinter der dritten Flechtreihe zu liegen, werden sie von den Enden des ersten Bands festgehalten. Die dritte Flachschiene beginnt unter der zweiten Flechtreihe, wird an der Außenseite überkreuzt, von der zweiten Flachschiene an der Innenseite gehalten und stößt mit den Enden an den Boden des Korbs.

Die Enden aller Flachschienen werden auf der Innenseite des Korbs sichtbar sein, was dem fertigen Stück eine interessante Struktur verleiht.

Vorschläge für Farbvariationen sind in Kapitel 4 abgebildet. Probieren Sie verschiedene Farbkombinationen aus, um festzustellen, wie sich Farbe auf den Charakter des Korbes auswirkt. Da viele 1,2 cm breite Reste verwertet werden können, ist dies ein ausgezeichneter Korb, um mit Farbe zu experimentieren.

Ann Hall-Richards, *Emerging from the Layers,* Papier, Wachsgarn, paargeflochten, 48,7 x 17,5 x 6,2 cm, Foto: Warwick Green Photography

Umwicklung

Für die meisten paargeflochtenen Körbe wie beispielsweise den Penland-Geschirrkorb werden flexible Materialien verwendet. Paargeflochtene Körbe mit Umwicklung unterscheiden sich dadurch, dass mit starren Speichen gearbeitet wird. Von den beiden Fäden ist der eine starr und der andere flexibel. Der starre Faden wird an der Innenseite der Speiche platziert; an der Stelle, an der er die Speiche überkreuzt, wird er mit dem flexiblen Faden umwickelt und an Ort und Stelle gehalten. Muster werden eingeführt, indem der innere Faden nach außen geführt wird. Dies ist eine alte Technik der Poma-, Yurok- und Makah-Indianer im Westen der USA. Als Materialien verwendeten sie Weide, Wurzeln und Gräser.

Wenn Sie die Arbeit mit flexiblen Materialien gemeistert haben, könnten Sie diese Technik ausprobieren.

8

Rundenflechten mit Köpertechnik

Der doppelbödige Calabash-Muschelkorb ist nach dem kleinen Badeort Calabash an der Südostküste von North Carolina benannt, der berühmt ist für seine Krabbenkutter. Der Name hat doppelte Bedeutung: Zum einen ist der Korb stabil genug für den Transport von Muscheln, zum anderen ist das Zickzackmuster einer zweischaligen Muschel nachempfunden und Wahrzeichen der Chitimachas entlang der Golfküste von Louisiana. Ihr Pfeilmuster wird allerdings normalerweise nicht über den ganzen Korb hinweg geflochten

Flechtarten mit Köper zeichnen sich dadurch aus, dass sie jeweils über und manchmal auch unter mehr als einem Element geflochten werden, wodurch das charakteristische Diagonalmuster entsteht. Bei Körben mit Köperung beginnt jede neue Runde, indem eine Stake aus der Vorrunde übergangen wird. Diese Konstruktion führt zu sehr interessanten Mustern, bei denen Abfolge und Proportion offensichtlich sind.

Man kann den Boden, die Seiten oder auch den ganzen Korb in der Köpertechnik arbeiten; sie kann auch mit der Technik des Zäunens abgewechselt werden, um das Muster optisch noch interessanter zu gestalten.

Billie Ruth Sudduth, Calabash-Muschelkorb, gefärbtes Peddigrohr, Eiche, Köperung, 45 cm Höhe x 35 cm Durchmesser

TIPP

Mit kariertem Papier lassen sich verschiedene Köpermuster erstellen.

Köper kann sowohl in der Technik des Rundenflechtens ausgeführt werden wie auch fortlaufend. Die Köperung ist gleichmäßig, wenn die Anzahl der Staken, unter und über die der Faden hergeführt wird, gleich ist, z.B. unter und über zwei Staken. Sie ist ungleichmäßig, wenn sich die Anzahl der Staken, über die der Faden geführt wird, von der Anzahl der Staken unterscheidet, unter dem er hergeführt wird. Beispiel für eine ungleichmäßige Köperung ist das Flechten über drei und unter zwei Staken. Wenn die Köperung gleichmäßig ist, lässt sich die Spannung der Flechtarbeit leichter kontrollieren, sodass der Korb robuster wird. Experimentieren Sie mit den endlosen Möglichkeiten, die sich hier bieten, und den dabei entstehenden Mustern.

Calabash-Muschelkorb

VORBEREITUNG

Wenn gefärbtes Peddigrohr für die Fäden verwendet wird, sollte es vor dem Flechten gefärbt werden. In Kapitel 4 finden Sie Hinweise zu Farbstoffen und zum Färben.

Schneiden Sie die Enden des Henkels spitz zulaufend auf eine Breite von ca. 1 cm zu. Mit dieser Breite kann der Henkel an der Korbinnenseite eingeführt werden, ohne dass er außen sichtbar wird. Es kann hilfreich sein, die Enden vor dem Zuschneiden einzuweichen. Weichen Sie nicht den ganzen Henkel ein, da er sonst seine über Dampf gebogene Form verliert.

Der Boden des Korbs ähnelt dem Boden des Penland-Geschirrkorbs in Kapitel 7, wobei hier mehr Speichen verwendet werden. Schneiden

Materialien für den Calabash-Muschelkorb

Flachschiene (1,9 cm) für die Speichen	20 Stück à 90 cm zuschneiden
Rundstab Nr. 3 zum Fitzen des Bodens	8-10 lange Stücke
Gefärbte Flachovalschiene (0,7 cm) für die Fäden	31 Stück à 125 cm zuschneiden und färben
Flachschiene (0,9 cm) für die Randrunde	1 Stück à 125 cm zuschneiden
Flachovalschiene (1,2 cm) für den Rand	2 Stück à 125 cm zuschneiden
Rundstab Nr. 5 als Randfüller	1 Stück à 125 cm zuschneiden
Flachovale Umwicklung (0,4 cm)	1-2 lange Stücke
Quadratischer, gekerbter Henkel mit Handgriff, 35 cm	

TECHNIKEN ZUM FLECHTEN DES CALABASH-MUSCHELKORBS

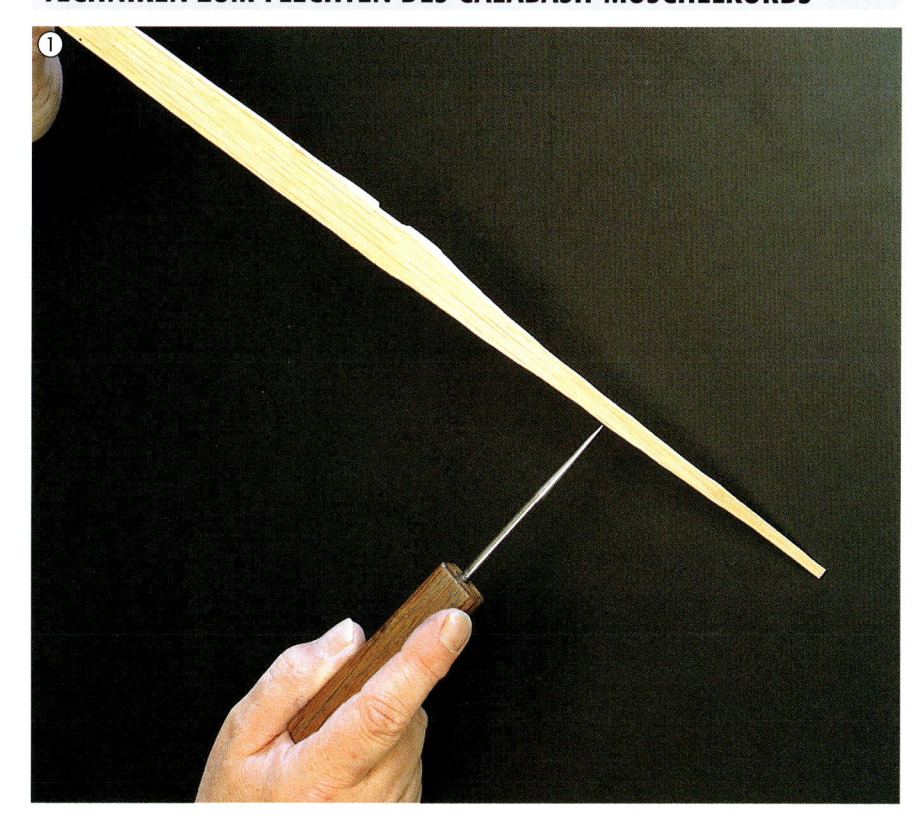

1 Den Henkel spitz zuschneiden

Sie zwanzig 1,8 cm breite Speichen von 90 cm Länge zu und weichen Sie sie ein. Beim Einweichen ist darauf zu achten, dass sich die gute Seite nach außen krümmt.

Weichen Sie die Rundstäbe Nr. 3 ein. Markieren Sie den Mittelpunkt bei allen Speichen auf der rauen Seite. Bei zehn Speichen markieren Sie jeweils einen Punkt zu beiden Seiten des Mittelpunkts im Abstand von 8 cm. Stapeln Sie die zehn markierten Speichen aufeinander, wobei Sie die Mittelpunkte aneinander ausrichten. Die raue Seite der Speichen sollte nach oben zeigen. Breiten Sie die Speichen fächerförmig aus, wobei die Abstände gleichmäßig sein sollten. Mit einem Stakenbeschwerer werden die Speichen an Ort und Stelle gehalten. Die 8-cm-Markierungen sollten einen Kreis ergeben.

Beginnen Sie an der 8-cm-Markierung und fitzen Sie mit den Rundstäben Nr. 3, wobei Sie jede Reihe dicht an die vorhergehende schieben.

Fahren Sie auf diese Weise über etwa 7,5 cm fort. Fügen Sie die übrigen zehn Speichen nacheinander hinzu, indem Sie sie beim Fitzen zwischen die vorhandenen Speichen einarbeiten. Fahren Sie mit dem Fitzen fort, bis der Boden einen Durchmesser von 35 cm hat. Hören Sie mit dem Fitzen an derselben Speiche auf, an der Sie begonnen haben, und stecken Sie die Enden entlang einer Speiche ein. Passen Sie den Boden an, sodass er dem 35 cm breiten Henkel entspricht.

Speichen spalten

Mit einer spitzen Schere oder einem scharfen Messer spalten Sie die Speichen der Länge nach sehr vorsichtig bis zur letzten Flechtreihe. Biegen Sie den Korb auf, indem Sie die Speichen zur Korbinnenseite, entlang der letzten Flechtreihe, biegen.

Die Seiten flechten

Das Zickzackmuster an den Korbseiten entsteht, indem der Schlag gewechselt wird. Die Seiten werden in einer Treppentechnik geflochten. Es spielt keine Rolle, in welche Richtung das Muster verläuft. Wenn jedoch ein Satz Körbe gearbeitet wird, sollte die Flechtrichtung immer

Jimmie Kent, *Calabash-Variation*, Eichenspäne, gefärbtes Peddigrohr, Köperung und Umkehrköperung, 50 cm Höhe x 35 cm Durchmesser

TECHNIKEN ZUM FLECHTEN DES CALABASH-MUSCHELKORBS

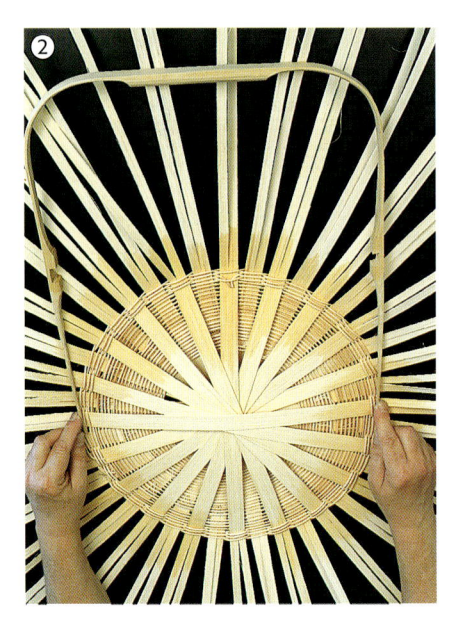

2 Den Boden entsprechend der Henkelbreite anpassen

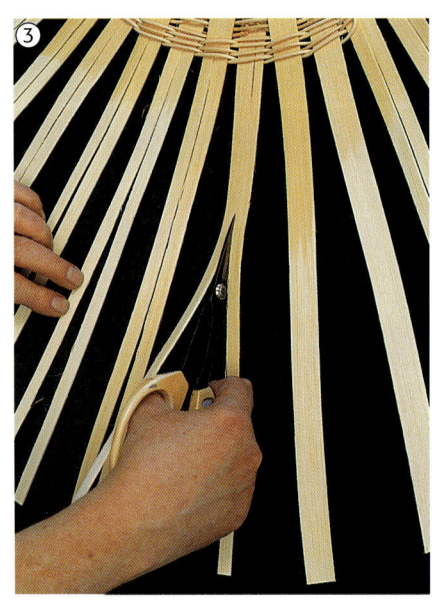

3 Die Speichen spalten

TECHNIKEN ZUM FLECHTEN DES CALABASH-MUSCHELKORBS

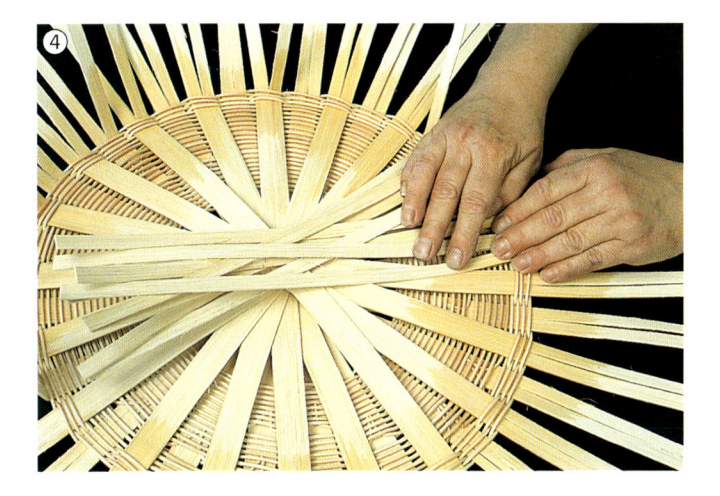

4 Aufbiegen des Korbs

5 Runde 1 in Köpertechnik

6 Richtungswechsel

7 Abknicken und Verwahren der Speichen

8 Eindrücken des Bodens

9 Im Korbinnern eingefügter Henkel mit Umwicklung an der Kerbe

RUNDENFLECHTEN MIT KÖPERTECHNIK 81

John Skau, *Blue and Red Flame,* Ballooned Basket-Serie, Ahornspäne, Holzfarbstoff, Lack, röhrenförmige Zäunung, 3/2-Köperung, 95 cm Höhe x 45 cm Durchmesser

dieselbe sein. Bei den abgebildeten Körben erfolgt der Schlag erst nach links und dann nach rechts.

In der ersten Flechtrunde behandeln Sie die gespaltenen Speichen als einzelne Speichen. Führen Sie den Faden um den Korb herum jeweils über zwei Speichen und dann unter zwei Speichen her.

TIPP
Verwenden Sie bei den ersten Runden viele Wäscheklammern, um das Geflecht an Ort und Stelle zu halten.

Die flachovale Seite des Fadens zeigt zur Korbaußenseite. Nach Fertigstellung der ersten Runde verschieben Sie jede neue Runde eine Speiche nach links, indem sie jede gespaltene Speiche separat behandeln. Flechten Sie 16 Runden, wobei Sie den Anfang jeder neuen Runde um eine Speiche nach links versetzen.

Das Muster umkehren

Um das Muster umzukehren, beginnen Sie Runde 17, indem Sie den Anfang eine Speiche nach rechts versetzen (Sie arbeiten also nun in die entgegengesetzte Richtung).

Flechten Sie die nachfolgenden Runden, indem Sie jede neue Runde eine Speiche nach rechts versetzen. Überprüfen Sie ständig, ob die Speichen einen rechten Winkel zum Boden und gleichen Abstand voneinander haben. Flechten Sie 15 Runden mit der Verschiebung nach

Claudia Leo, Chitimacha-Tablett-Variation, gefärbtes Rattan, Köperung, 50 x 50 cm

rechts. Halten Sie die Spannung des Fadens für die restlichen 15 Runden wie bisher aufrecht.

Wenn 31 Reihen geflochten sind, verlaufen 16 Reihen treppenförmig nach links und 15 nach rechts. Die letzte Runde ist der Rand und wird mit einer Flachschiene von 1 cm Breite geflochten. Beim Flechten des Randes werden ebenfalls alle gespaltenen Speichen als einzelne Speichen behandelt.

Rand und Henkel

Weichen Sie die äußeren Speichenpaare ein, biegen Sie sie ins Korbinnere, verwahren Sie sie unter der ersten verfügbaren Runde und schneiden Sie überschüssiges Material ab. Schneiden Sie die inneren Speichenpaare in einer Höhe mit der obersten Flechtreihe ab. Drehen Sie den Korb um und drücken Sie den Boden ein, damit der Korb flach aufsitzt.

Fügen Sie den Henkel entlang einer gespaltenen Speiche an der Korbinnenseite ein. Es spielt keine Rolle, um welche es sich handelt, solange der Henkel zu beiden Seiten des Korbs an derselben Speiche eingefügt und zentriert wird. Die spitz zulaufenden Enden des Henkels werden unter mehreren Flechtreihen entlang einer gespaltenen Speiche in Richtung Boden gesichert. Der Teil des Henkels gerade unterhalb der Kerbe ist zu breit, um unter das Geflecht geschoben zu werden, er wird vom Rand gehalten. Der Henkel wird an der Kerbe durch die Umwicklung befestigt.

Platzieren Sie ein Stück Flachovalschiene von 1,2 cm Breite innen und außen entlang der oberen Flechtreihe, wobei die flachovale Seite nach außen zeigt, und sichern Sie den Henkel an der Kerbe. Legen Sie ein Stück Rundstab Nr. 5 zwischen die Ränder, wobei die Enden an der Außenseite des Henkels aneinander stoßen. Behandeln Sie die gespaltenen Speichen als separate Speichen und führen Sie die Umwicklung mit einer 0,4 cm breiten Flachovalschiene aus. Beim Henkel bilden Sie ein X (siehe Seite 52).

Billie Ruth Sudduth, Calabash-Muschelkörbe, gefärbtes Peddigrohr, Eichenspäne, Köperung, 15 bis 35 cm Durchmesser

Materialien und Anleitungen für kleinere Calabash-Muschelkörbe

Calabash-Muschelkorb, 15 cm Durchmesser

Durchmesser 15 cm – Höhe 22,5 cm

12 Speichen (0,9 cm) à 20 cm zuschneiden
6 Speichen 3,7 cm von der Mitte markieren

2,5 cm fitzen mit Rundstab Nr. 2
Die übrigen Speichen hinzufügen

Fitzen, bis der Boden einen Durchmesser von 15 cm hat

Mit gefärbten Flachovalschienen (0,4 cm)
25 Runden à 57,5 cm flechten

13 Runden Köperung nach links, 12 nach rechts

Randrunde, Flachschiene, 0,6 cm

Rand, Flachschienen, 0,9 cm

Rundstab Nr. 4 als Randfüller

Flachovale Umwicklung (0,4 cm)

Quadratischer, gekerbter Henkel mit Handgriff, 15 cm

Calabash-Muschelkorb, 20 cm Durchmesser

Durchmesser 20 cm – Höhe 22,5 cm

14 Speichen (1,2 cm) à 62,5 cm zuschneiden
7 Speichen 5 cm von der Mitte markieren

2,5 cm fitzen mit Rundstab Nr. 3
Die übrigen Speichen hinzufügen

Fitzen, bis der Boden einen Durchmesser von 20 cm hat

Mit gefärbten Flachovalschienen
(0,4 cm) 31 Runden à 75 cm flechten

16 Runden Köperung nach links, 15 nach rechts

Randrunde, Flachschiene, 0,9 cm

Rand, Flachovalschienen, 1,2 cm

Rundstab Nr. 5 als Randfüller

Flachovale Umwicklung (0,4 cm)

Quadratischer, gekerbter Henkel mit Handgriff, 20 cm

Soho Katsushiro, *Wheat Harvest,* gefärbter Bambus, Köperung, 21 x 42,5 x 20 cm, Foto: Textile Arts Gallery, Santa Fe, New Mexico

Materialien und Anleitungen für kleinere Calabash-Muschelkörbe

Calabash-Muschelkorb, 25 cm Durchmesser

Durchmesser 25 cm – Höhe 32,5 cm

16 Speichen (1,6 cm) à 70 cm zuschneiden

8 Speichen 5 cm von der Mitte markieren

5 cm fitzen mit Rundstab Nr. 3

Die übrigen Speichen hinzufügen

Fitzen, bis der Boden einen Durchmesser von 25 cm hat

Mit gefärbten Flachovalschienen (0,5 cm) 31 Runden à 95 cm flechten

16 Runden Köperung nach links, 15 nach rechts

Randrunde, Flachschiene, 0,9 cm

Rand, Flachovalschienen, 1,2 cm

Rundstab Nr. 5 als Randfüller

Flachovale Umwicklung (0,4 cm)

Quadratischer, gekerbter Henkel mit Handgriff, 25 cm

Calabash-Muschelkorb, 30 cm Durchmesser

Durchmesser 30 cm – Höhe 37,5 cm

18 Speichen (1,9 cm) à 90 cm zuschneiden

9 Speichen 7,5 cm von der Mitte markieren

7,5 cm fitzen mit Rundstab Nr. 3

Die übrigen Speichen hinzufügen

Fitzen, bis der Boden einen Durchmesser von 30 cm hat

Mit gefärbten Flachovalschienen (0,7 cm) 27 Runden à 112,5 cm flechten

14 Runden Köperung nach links, 13 nach rechts

Randrunde, Flachschiene, 0,9 cm

Rand, Flachovalschienen, 1,2 cm

Rundstab Nr. 5 als Randfüller

Flachovale Umwicklung (0,4 cm)

Quadratischer, gekerbter Henkel mit Handgriff, 30 cm

Stephen Kostyshyn, *Covered Vessel,* Ton, Holz, Peddigrohr, 60 x 22,5 x 25 cm, sieben Richtungsänderungen der Köperung

Joan Brink, *Guardians of the Four Directions,* Rattan, Ahorn- und Ebenholzspäne, türkisfarbene Heishi-Perlen mit Meerschaum-Zoni-Fetisch von Darren Shebola, 35 cm Höhe x 30 cm Durchmesser, Foto: Eric Swanson

9
Fortlaufende Köpertechnik

Der zeitgenössische Katzenkopfkorb (siehe Seite 92) ist ein spannendes Flechtprojekt, weil die Form allein mit den Händen festgelegt wird. Der Korb wird ohne Verwendung einer Form gearbeitet. Variationen entstehen durch Farbe, Größe und Formgebung. Die Form kann ganz subtil oder sehr ausgeprägt sein, was allein durch die Spannung beim Flechten, die Anzahl der geflochtenen Runden vor dem Aufbiegen und das Zusammenziehen festgelegt wird. Zwei auf diese Weise hergestellte Formen werden nie ganz gleich sein. Es wird Sie wahrscheinlich überraschen, wie leicht sich dieser Korb arbeiten lässt. Das Verfahren definiert die Form.

Die Flechtart beim zeitgenössischen Katzenkopfkorb ist eine Variation, die als einseitige Köperung oder japanische Flechtart bezeichnet wird. Das Flechtmuster verläuft über zwei Elemente und unter einem Element her. Wenn nur in eine Richtung geflochten wird, verläuft das Muster automatisch spiralförmig um den Korb herum und die Diagonallinien entstehen ganz von selbst. Wird Farbe hinzugefügt, fällt die Spirale noch stärker auf.

Billie Ruth Sudduth, zeitgenössischer Katzenkopfkorb (Variation), 50 cm Höhe x 37,5 cm Durchmesser

Zeitgenössischer Katzenkopfkorb

DIE STAKEN FESTLEGEN

Wie bei jedem Korb muss zuerst die Anzahl der Staken festgelegt werden, die für den jeweiligen Entwurf erforderlich sind. Eine Grundformel besteht darin, die Anzahl der geflochtenen Elemente, über die und unter denen der Faden her geführt wird, zu zählen, zu vervielfachen und zu dieser Zahl vier hinzuzuzählen (eine Stake für jede Korbseite). Da die japanische Flechtart über zwei und unter einer Stake her führt, ist die Summe drei und das Vielfache ist sechs, neun, zwölf, fünfzehn und so weiter. Zählen Sie vier zu diesen Zahlen hinzu, und Sie können die Anzahl Staken für kleinere oder größere Körbe in dieser Flechtart festlegen. (Die Berechnung einer Flechtarbeit kann sehr faszinierend sein und Spaß machen.)

VORBEREITUNG

Der Korb kann mit gefärbtem oder naturfarbenem Peddigrohr gearbeitet werden. Das Muster fällt stärker auf, wenn entweder die Staken oder die Fäden gefärbt werden. Der beschriebene Korb hat gefärbte Staken und bis auf die letzten fünf Runden naturfarbene Fäden. Wenn gefärbte Materialien verwendet werden, befolgen Sie beim Färben die Anweisungen des Herstellers und beachten Sie die Sicherheitsrichtlinien.

> **TIPP**
> Bewahren Sie das Farbbad für das erneute Färben des Randes nach dem Zurechtschneiden und Anpassen auf.

Weichen Sie ein langes Stück naturfarbene Flachovalschiene (0,4 cm) ein. Weichen Sie auch die gefärbten Staken kurz ein.

Billie Ruth Sudduth, Variationen zum zeitgenössischen Katzenkopfkorb, (oben) *Illusions*, Peddigrohr, gefärbt und bemalt, 30 x 35 x 35 cm, (Mitte) 32,5 cm Höhe x 40 cm Durchmesser, (unten) 27,5 cm Höhe x 32,5 cm Durchmesser

FORTLAUFENDE KÖPERTECHNIK 89

Materialien für den zeitgenössischen Katzenkopfkorb

gefärbte Flachovalschienen (0,7 cm) für die Staken	26 Stück à 117,5 cm zuschneiden
Flachovalschienen (0,4 cm) für die Fäden	2 naturfarbene Stücke (lang)
	2 Stücke, in derselben Farbe gefärbt wie die Staken (lang)
Flachovalschienen (0,5 cm) für die Fäden	20-25 lange Stücke
Flachschiene (0,7 cm) für die Randrunde, in derselben Farbe gefärbt wie die Staken	1 Stück ca. 100 cm lang
Flachovalschiene (0,9 cm) für den Rand, in derselben Farbe gefärbt wie die Staken	2 Stücke à 100 cm zuschneiden
Flachovalschienen (0,4 cm) zum Umwickeln, in derselben Farbe gefärbt wie die Staken	1-2 lange Stücke

DEN BODEN FLECHTEN

Der Boden wird ähnlich wie beim Korb im Kolonialstil und beim Katzenkopf-Wandkorb gearbeitet. Es kann hilfreich sein, mehr als einen Stakenbeschwerer zu verwenden, wenn dieser Boden ausgelegt wird, da die Staken schmal und schwieriger zu positionieren sind. Der Boden lässt sich leicht flechten, wenn die Arbeit auf einer großen Oberfläche durchgeführt werden kann.

Es sind 13 senkrechte und 13 waagrechte Staken vorhanden. Die Abstände zwischen den Staken sollten quadratisch (nicht rechteckig) sein. Legen Sie die 13 senkrechten Staken mit der flachen Seite nach oben auf den Tisch. Flechten Sie eine waagrechte Stake über und unter die Markierung des Mittelpunkts. Flechten Sie sechs Staken oberhalb der Mittelpunktmarkierung und sechs unterhalb.

Damit sich die Form nicht verzieht, flechten Sie drei Staken oberhalb der Mittelpunktmarkierung, drehen den Korb um und flechten wieder drei oberhalb der Markierung. Drehen Sie den Korb und verflechten Sie drei weitere Staken. Dann drehen Sie ihn erneut und verflechten die drei letzten Staken.

Detail des Flechtmusters

FLECHTTECHNIKEN FÜR DEN ZEITGENÖSSISCHEN KATZENKOPFKORB

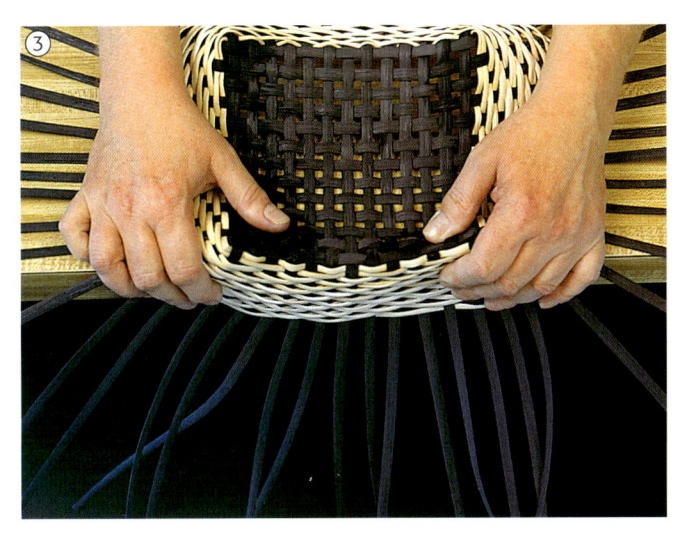

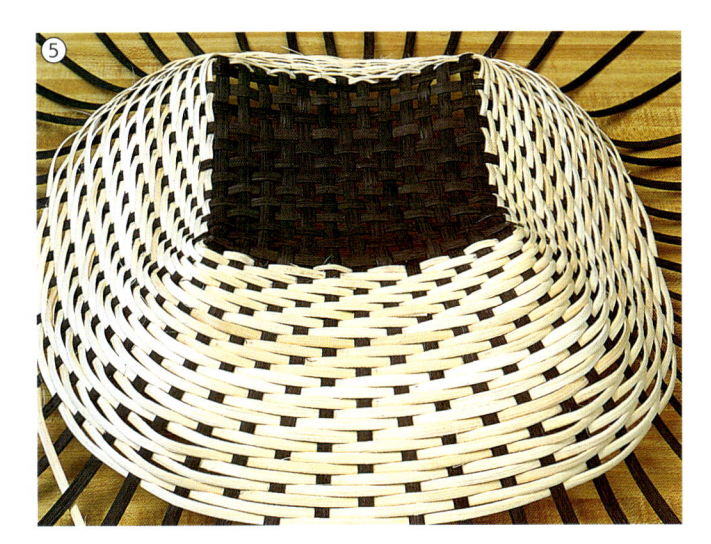

1 Flechten Sie Runde 1, bevor Sie mit dem eigentlichen Flechtmuster beginnen
2 Die Ecken werden in Richtung Zentrum des Bodens gezogen
3 Aufbiegen der Seiten
4 Eindrücken des Bodens
5 Der Korb wird «verkehrt herum» geflochten

FORTLAUFENDE KÖPERTECHNIK

FLECHTTECHNIKEN FÜR DEN ZEITGENÖSSISCHEN KATZENKOPFKORB

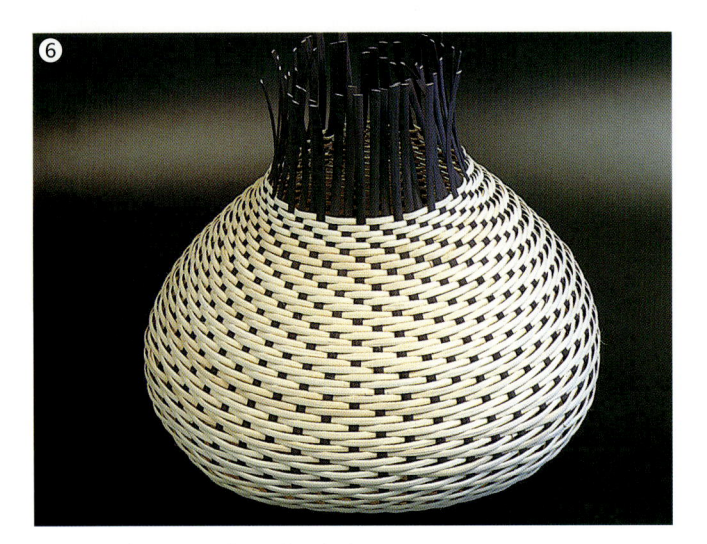

❻

Korb in Runde 65-70 vor dem Farbwechsel

❼

Die Farbe des Fadens wird im oberen Bereich des Korbs gewechselt

Billie Ruth Sudduth, zeitgenössischer Katzenkopfkorb, gefärbtes Peddigrohr, Köpertechnik, 37,5 x 42,5 x 42,5 cm

Patti Quinn Hill, *Guinea Hens,* Papier aus 100% Baumwolle, Wachsgarn, Rattan, Acrylfarbe, 10 bis 22,5 cm hoch

Wenn alle Staken gleichzeitig ober- und unterhalb der Mittelpunktmarkierung verflochten werden, neigen sie dazu, sich über der Markierung zu stark zusammenzuziehen und zu wenig unterhalb der Markierung.

Wenn alle Staken an Ort und Stelle sind, sollte der Boden 15 cm im Quadrat messen. Messen Sie sorgfältig an allen Seiten von Ecke zu Ecke, um sicherzugehen, dass diese Abmessung ebenfalls 15 cm beträgt.

Den Korb aufbiegen

Es werden jetzt nur die Stakenpaare an den vier Ecken aufgebogen. Drehen Sie den Boden um, sodass die flachovale Seite nach oben zeigt.

Die Seiten flechten

Obwohl es sich bei dem Muster um eine Variation der Köperung handelt, wird die erste Runde über eine, unter eine Stake geflochten, damit eine sichernde Runde entsteht. Der Faden sollte sich auf der gegenüberliegenden Seite des Bodenfadens befinden. Spitzen Sie das Ende eines flachovalen Fadens (0,4 cm) an und führen Sie ihn hinter einer Speiche mit der flachovalen Seite nach oben ein. Führen Sie eine ganze Runde um den Boden herum aus. Wenn der Ausgangspunkt erreicht ist, beginnt das Flechtmuster, indem Sie über zwei und unter einer Stake flechten, sodass das Muster spiralförmig den Korb hinauf verläuft. In jeder Runde verschiebt sich das Flechtmuster bei Erreichen des Ausgangspunkts eine Stake nach links.

Wenn ein langer flachovaler Faden (0,4 cm) zu Ende geht, wechseln Sie zu einem flachovalen Faden von 0,5 cm Breite über. Spitzen Sie das Ende dieses Stücks an, sodass es dieselbe Breite wie das 0,4 cm breite Stück hat, das zu Ende gegangen ist. Dieser Wechsel bei der Fadenbreite sollte an derselben Seite stattfinden, an der sich auch der Korbanfang befindet.

TIPP
Markieren Sie die mittlere Stake an jeder Korbseite mit einer Kontrastfarbe. Markierungen am Ende dieser Staken bieten einen Konzentrationspunkt, damit der Korb gleichmäßig wird.

Bei der einseitigen Köperung handelt es sich um eine ungleichmäßige Flechtung, wodurch es schwieriger wird, die Spannung zu kontrollieren. Wenn die mittlere

Dona Look, *Nr. 906*, weiße Birkenrinde, Seidengarn, genäht, teilweise umwickelt, 17,5 x 48 x 11 cm

Stake in der Mitte bleibt, besteht weniger Gefahr, zu stark nach rechts oder links zu ziehen.

> **TIPP**
> Flechten Sie mit möglichst langen Fäden, damit Sie nicht zu oft ansetzen müssen.

Formgebung

Halten Sie die Ecken bei den ersten fünf Flechtrunden mit Klammern zusammen. In Runde 1 beginnen Sie mit der Formgebung, indem Sie die Staken fächerförmig auseinander breiten. Beim Flechten jeder weiteren Runde breiten Sie die Staken weiter aus. Zwischen den Runden 8 und 12 sollte der Abstand zwischen allen Staken gleich sein. Wenn die Ecken abgerundet werden, erhöhen Sie die Spannung des Fadens und ziehen die Ecken zum Zentrum des Bodens. In Runde 15 sollten die Füße des Korbes offensichtlich sein.

Zwischen Runde 15 und 20 wird der übrige Korb aufgebogen. Biegen Sie die Korbseiten entlang der ersten Flechtreihe an einer Tischkante. Nach dem Umbiegen der Kanten wenden Sie den Korb und drücken den Boden mit den Daumen ein. Dadurch wird die Form stärker hervorgehoben.

Da es sich um ein ungleichmäßiges Muster handelt, muss die Spannung ständig angepasst werden. Die Runden müssen nach unten gedrückt werden. Tun Sie dies, wenn der Korb richtig herum steht. Flechten Sie weitere 10 bis 15 Runden, wobei der Korb verkehrt herum steht.

Zwischen den Runden 25 und 30 wird der Korb richtig herum hingestellt, und die Flechtarbeit wird fortgesetzt. In Runde 35 sollten die Staken senkrecht zum Boden sein und aufrecht stehen. In Runde 40 erhöhen Sie die Spannung des Fadens, so biegen sich die Staken nach innen. Achten Sie darauf, dass der Abstand zwischen den Staken gleichmäßig bleibt, wenn die Spannung in jeder Reihe erhöht wird. Drücken Sie beim Flechten gegen die Seiten, damit sich die Ecken nach außen hin ausbilden.

> **TIPP**
> Um die Form des Katzenkopfkorbes zu kontrollieren, können Korbreifen verwendet werden. Wenn der Korb aufrecht steht, feuchten Sie die Staken an, ziehen sie nach oben und legen einen Korbreifen um sie. Nach dem Trocknen stehen die Staken aufrecht und bleiben an Ort und Stelle.

Setzen Sie das Flechtmuster fort, bis dem Korb zur gewünschten Gesamthöhe nur noch 5 cm fehlen. Der auf Seite 92 abgebildete Korb hat 65 bis 70 Runden naturfarbener Fäden vor dem Farbwechsel.

Patti Quinn Hill, *Spirals In and Out*,
Brotkorb, gefärbtes Rattan,
Ahorn- und Eichenspäne,
Köpertechnik,
12,5 cm Höhe x 32,5 cm Durchmesser

Susi Nuss, *Twilled Carrier*,
Schwarzeschenspäne, über einer
Form geflochten, Köpertechnik,
22,5 x 32,5 x 25 cm

FORTLAUFENDE KÖPERTECHNIK 95

Darryl und Karen Arawjo, Handtaschen, handgespaltene Weißeichenspäne, Stuhlflechtrohr, Walnussholz, Kirschholz, Köpertechnik, 10 x 15 x 7,5 cm und 17,5 x 22,5 x 12,5 cm

Die Farbe wechseln

Die fünf oberen Reihen des Korbs sind den Staken entsprechend gefärbt worden, sie können aber auch naturfarben bleiben. Spitzen Sie das Ende des letzten naturfarbenen Fadens (Flachovalschiene, 0,5 cm) auf dieselbe Breite des gefärbten Fadens (0,4 cm) an und führen Sie diesen ein, als würden Sie einen neuen Faden hinzufügen. Dies sollte auf derselben Seite des Korbs geschehen, an der mit Runde 1 begonnen wurde, damit der Korb oben gerade ist. Flechten Sie mit dem gefärbten Faden über fünf Runden. Wenn Runde 5 auf derselben Seite des Korbs wie Runde 1 endet, schneiden Sie den gefärbten Faden sehr schmal zu und führen ihn über und unter den Staken um den Korb herum, wobei Sie ihn an der Innenseite des Korbs hinter einer Stake verwahren.

Der Rand

Die oberste Flechtrunde ist die Randrunde, für die eine 0,7 cm breite, gefärbte Flachschiene verwendet wird. Sie kann dem spiralförmigen Muster folgend eingeflochten werden, obwohl sie unter dem Rand nicht sichtbar sein wird. Da die Staken eine gleichmäßige Anzahl haben, muss die Randrunde an einer Stelle über und unter zwei Staken her geführt werden.

Knicken Sie die äußeren Staken ab und verwahren Sie sie an der Korbinnenseite unter der ersten verfügbaren Flechtreihe. Schneiden Sie die inneren Staken gerade mit der obersten Flechtrunde ab.

Beim Rand handelt es sich um eine 0,9 cm breite, gefärbte Flachovalschiene. Schneiden Sie die Überlappungen zu. Nachdem der Rand dem Korb oben angepasst und zugeschnitten wurde, muss er möglicherweise nachgefärbt werden. Umwickeln Sie den Rand zwischen allen Staken. Wählen Sie für die Umwicklung einen langen Faden aus, damit Sie nicht ansetzen müssen.

In den Bereichen, in denen das Flechtwerk locker ist, ziehen Sie es mit einer Ahle an und arbeiten es wieder in den Korb ein.

Gleichgewicht

Wenn der Korb an allen Seiten symmetrisch ist und die Füße gleichmäßig sind, sollte er auf einer ebenen Oberfläche flach aufsitzen.

Variationen

Bei mehreren in diesem Kapitel abgebildeten Körben wurde dasselbe Muster wie beim Katzenkopfkorb angewendet. Variationen treten aufgrund der Größe und der Farbe sowie der Dekoration und des Henkels auf.

John McQueen, *My Father Turning into A Luscombe,* zusammengebundene Holzstäbe, 62,5 x 57,5 x 57,5 cm, Foto: Russell Johnson

10
Rippenkonstruktion

Die klassische Schönheit des Appalachen-Eierkorbs hat vielen Anfängern des Flechthandwerks als Anregung gedient. Dabei wird eine der schwierigeren Flechttechniken eingesetzt, aber das fertige Produkt lohnt die Mühe. Wie bei den meisten Körben sind die ersten beiden Flechtrunden die anstrengendsten. Nach zwei Runden werden alle Elemente durch das Flechtwerk an Ort und Stelle gehalten, und die Konstruktion wird leichter. Lesen Sie die Anleitung sorgfältig durch und sehen Sie sich die begleitenden Fotos genau an. Wenn die Rippen brechen, trösten Sie sich mit dem Wissen, dass dies allen passiert, bei diesem Objekt.

Rippenkörbe werden in den zentralen und südlichen Bergen der Appalachen seit Ankunft der Siedler hergestellt und werden noch heute nach alter Tradition gearbeitet. Eiche ist aufgrund der Schönheit und Stärke des Holzes immer das bevorzugte Material für den Rippenkorb. Die Identifizierung der richtigen Eiche und das Schneiden und Spalten des Holzes ist eine Kunst für sich. Die Vorbereitung dieser Materialien erfordert so viel Geschick wie das Flechten des Korbes selbst, für das ganz andere Werkzeuge erforderlich sind. Wenn Sie Interesse an gerippten Konstruktionen entwickeln, sollten Sie noch einen Schritt weitergehen und

Linda Arter, *Spring*, Weinranken, Peddigrohr, Philodendron, Blüten, Rippenkonstruktion, 37,5 x 45 cm

lernen, wie die Eichenspäne gespalten werden. Eiche und Peddigrohr sind aber nicht die einzigen Materialien, die sich für Rippenkonstruktionen eignen. Wichtigste Voraussetzung ist, dass die Rippe robust ist. Die Fäden hingegen können flexibler sein. Wie bei anderen Flechtkonstruktionen verläuft das Geflecht normalerweise über und unter einer Stake her.

Eierkorb aus den Appalachen

Der Appalachen-Eierkorb erhielt seinen Namen durch seinen Verwendungszweck: er diente zum Einsammeln der Eier. In der Mitte weist er eine Erhöhung auf, die verhindert, dass die Eier aneinander stoßen. Aufgrund seiner Form kann der Korb beim Sammeln der Eier auf der Hüfte sitzen oder auf dem Weg zum Markt auf dem Rücken eines Pferdes oder Maulesels.

Für traditionelle Rippenkörbe sind Reifen, Bindungen, Rippen und Fäden erforderlich. Für zeitgenössische Objekte in dieser Technik braucht man dieselben Bestandteile, aber die Reifen können aus einem Stück Rattanranke oder Holz bestehen und müssen nicht unbedingt rund oder oval sein; sie können auch eine asymmetrische Form haben. Unabhängig vom verwendeten Material muss ein Rahmen konstruiert werden, und dieser Rahmen muss umwickelt werden, damit Rippen eingefügt werden können.

VORBEREITUNG

Schmirgeln Sie beide Reifen leicht ab. Suchen Sie beim ersten Reifen nach der Stelle, an der er zusammengefügt wurde. Markieren Sie den Reifen auf der gegenüberliegenden Seite mit einem X an der Außenseite. Der Bereich mit dem X wird der Henkel des Korbs werden. Der sichtbare Henkelbereich beträgt 35 cm. Markieren Sie den Reifen zu beiden Seiten unterhalb des X mit einem Bleistift im Abstand von 17,5 cm.

Der zweite Reifen wird zum Rand des Korbs. Er muss genau zur Hälfte unterteilt werden. Die meisten 25-cm-Reifen haben einen Umfang von 80 cm. Markieren Sie einen Abstand nach 2,5 cm und fügen Sie eine weitere Markierung bei der Hälfte des Umfangs (im Allgemeinen 40 cm) hinzu. Überprüfen Sie, ob der zweite Reifen durch die Markierungen genau halbiert wird. Die Bleistiftmarkierungen zeigen die Stellen, an denen die beiden Reifen zusammen umwickelt werden.

PRIMÄRE UND SEKUNDÄRE RIPPEN

Die meisten Eierkörbe haben primäre und sekundäre Rippen. Die primären Rippen werden zugeschnitten und eingefügt, nachdem die Reifen zusammen umwickelt wurden. Die sekundären Rippen werden eingefügt, nachdem mehrere Flechtrunden fertig gestellt wurden.

Zuschneiden der primären Rippen
Verwenden Sie ein Rundholz Nr. 6 und schneiden Sie die primären Rippen folgendermaßen zu:

Rippe Nr. 1   42,5 cm
Rippe Nr. 2   47,5 cm
Rippe Nr. 3   50 cm
Rippe Nr. 4   47,5 cm
Rippe Nr. 5   47,5 cm

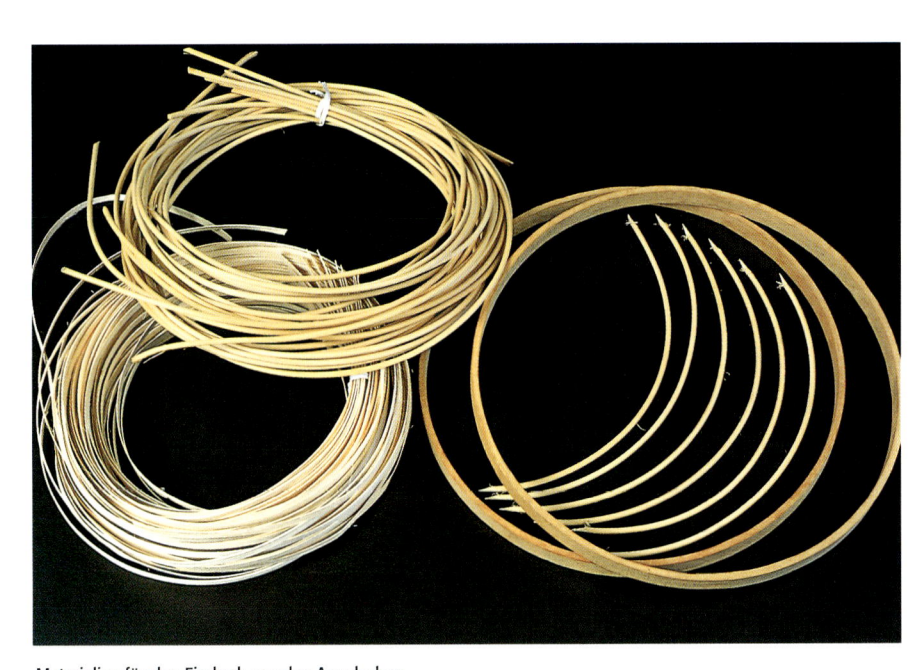

Materialien für den Eierkorb aus den Appalachen

Materialien für den Eierkorb aus den Appalachen

Zwei Reifen, 25 cm Durchmesser

Rundstäbe Nr. 6 für die Rippen

Flachschiene (0,4 cm) für die Fäden

Schneiden Sie zwei Sätze dieser Rippen zu, einen für jede Seite des Korbs. Was an einer Seite des Korbs eingefügt wird, muss auch auf der anderen Seite eingefügt werden. Markieren Sie den Mittelpunkt der Rippen mit Bleistift, damit die Rippenplatzierung gerade bleibt: I, II, III usw. Spitzen Sie die Enden der Rippen an. Anschließend überprüfen Sie, ob beide Sätze noch dieselben Längen haben.

TIPP
Zum Anspitzen der Rippen ist ein Bleistiftanspitzer nützlich.

Je besser die Spitze ausgeprägt ist, desto wahrscheinlicher ist es, dass die Rippen fixiert bleiben. Es spielt keine Rolle, wenn bis zu 2,5 cm angespitzt werden. Die Abmessungen berücksichtigen dies.

Zuschneiden der sekundären Rippen
Als Nächstes schneiden Sie den ersten Satz der sekundären Rippen zu (jeweils 2):

Rippe Nr. 1	31,2 cm
Rippe Nr. 2	32,5 cm
Rippe Nr. 3	43,7 cm
Rippe Nr. 4	50 cm
Rippe Nr. 5	47,5 cm
Rippe Nr. 6	42,5 cm
Rippe Nr. 7	37,5 cm

Die Rippen sind nummeriert und zeigen die Reihenfolge der Platzierung an. Spitzen Sie sie an und legen Sie sie beiseite.

Der andere Satz sekundärer Rippen hat nur drei Größen (schneiden Sie je zwei zu):

Rippe Nr. 1	20 cm
Rippe Nr. 2	30 cm
Rippe Nr. 3	25 cm

Schneiden Sie diesen zweiten Satz sekundärer Rippen zu, spitzen Sie die Rippen an und legen Sie sie beiseite. Die mittlere Rippe in jedem

Billie Ruth Sudduth, Eierkorb aus den Appalachen, Peddigrohr, Eichenspäne, 30 x 37,5 x 25 cm

Kreuzbindung

Sheila King, *Earth Fibers*, Weinranken, Hülsen, Palmwedel, Peddigrohr, Rippenkonstruktion, 50 x 45 x 40 cm

Satz wird am längsten zugeschnitten, um dem Korb seine charakteristische Form zu verleihen.

Bindungen

Die Umwicklung der beiden Reifen wird als Bindung bezeichnet. Dabei kann es sich um ein einfaches X oder ein komplizierteres Muster handeln. Einige der traditionelleren Bindungen sind die Bandschleife und das Gottesauge, wobei es sich um Umwicklungen mit vier Punkten handelt. Die Kreuzbindung bei diesem Projekt war in den südlichen Appalachen weit verbreitet. Sie wird auch als Dreifachbindung bezeichnet. Ein Vorteil dieser Umwicklung besteht darin, dass Taschen für die Rippen entstehen, in denen diese festgehalten werden, bis sie durch das Geflecht gesichert sind.

> **TIPP**
> Die Reifen können vor dem Umwickeln mit Wachsgarn oder Zahnseide zusammengebunden werden, damit sie nicht verrutschen. Der Faden wird anschließend unter der Bindung verborgen.

Schieben Sie den Henkelreifen in den Randreifen und richten Sie die Bleistiftmarkierungen aneinander aus. Das X sollte oben sichtbar sein. Feuchten Sie ein mindestens 2 m langes Stück Flachschiene von 0,5 cm Breite für die Umwicklung an – es ist sehr schwierig beim Umwickeln ein neues Stück anzubringen und zu sichern. Die glatte Seite des Fadens sollte nach außen zeigen, wenn Sie mit der Bindung beginnen.

Kreuzbindung

1. Das Ende des Fadens wird hinter die ineinander gesteckten Reifen von oben links nach unten rechts gelegt, wobei sich die raue Seite am Reifen befindet. Ein kleines Stück sollte sichtbar sein. Es kann später zum Signieren des Korbs verwendet werden.
2. Der Faden wird diagonal an der Außenseite von oben links nach

ANLEITUNG FÜR DIE KREUZBINDUNG BEIM EIERKORB AUS DEN APPALACHEN

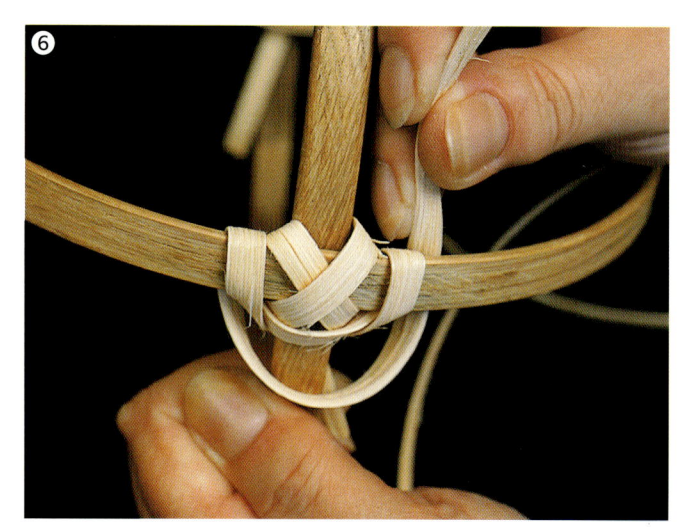

102 RIPPENKONSTRUKTION

Cynthia W. Taylor, Eierkorb aus handgespaltenen Weißeichenspänen mit zusammenlaufenden Rippen und eingeflochtenem Muster, 25 x 27,5 x 27,5 cm. Das Rippengeflecht geht auf Traditionen in den Zentralen Appalachen zurück.

unten rechts geführt, sodass ein X entsteht.
3. Dann wird der Faden hinter den Bodenreifen unterhalb des Randes geführt und unten links positioniert.
4. Der Faden verläuft vorne diagonal von unten links nach oben rechts und hinten wieder diagonal zurück. An der Stelle, an der sich die Reifen überschneiden, ist an der Innen- und an der Außenseite ein X sichtbar.
5. Der Faden überkreuzt den Reifen von unten links nach unten rechts unterhalb des Randes und wird rechts hinter den Rand geführt.
6. Als Nächstes wird der Faden über den rechten Rand nach unten, hinter dem Bodenreifen hindurch und von unten links nach oben über den linken Rand geführt. Damit ist eine volle Umwicklung abgeschlossen.

Führen Sie diese Umwicklung noch siebenmal durch, sodass Sie schließlich acht Umwicklungen haben. Acht Umwicklungen sind empfehlenswert, damit tiefe Taschen entstehen, in die die Rippen eingesetzt werden können.

Das Ganze hört sich komplizierter an, als es ist. Der Faden verläuft hinter dem linken Rand über den Bodenreifen hinter den rechten Rand; nach oben und über den rechten Rand, hinter den Bodenreifen und nach oben und über den linken Rand usw. Wenn die erste Umwicklung korrekt ausgeführt wurde, werden die nächsten ganz automatisch richtig gewickelt. An beiden Korbseiten sollte eine Kreuzbindung gearbeitet werden.

Schneiden Sie den Faden nicht ab. Sie werden weiter mit ihm flechten, nachdem die primären Rippen eingesetzt wurden.

RIPPEN EINFÜGEN

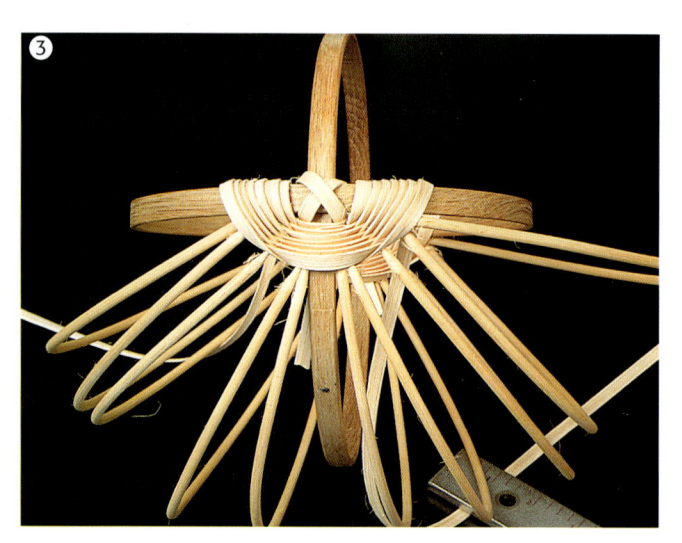

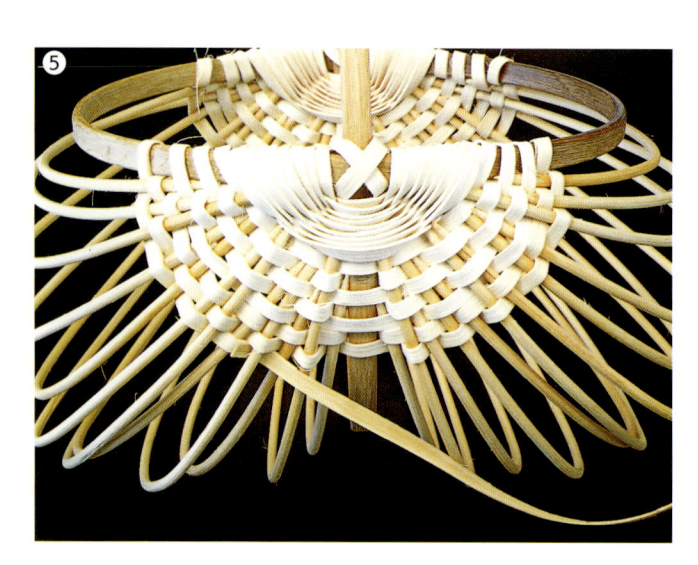

1 Rippen 1, 2, 4, 5 einfügen
2 Loch für Rippe 3 bohren
3 Platzierung der primären Rippen
4 Der erste Satz
& sekundärer
5 Rippen ist eingefügt
6 Ausfüllen

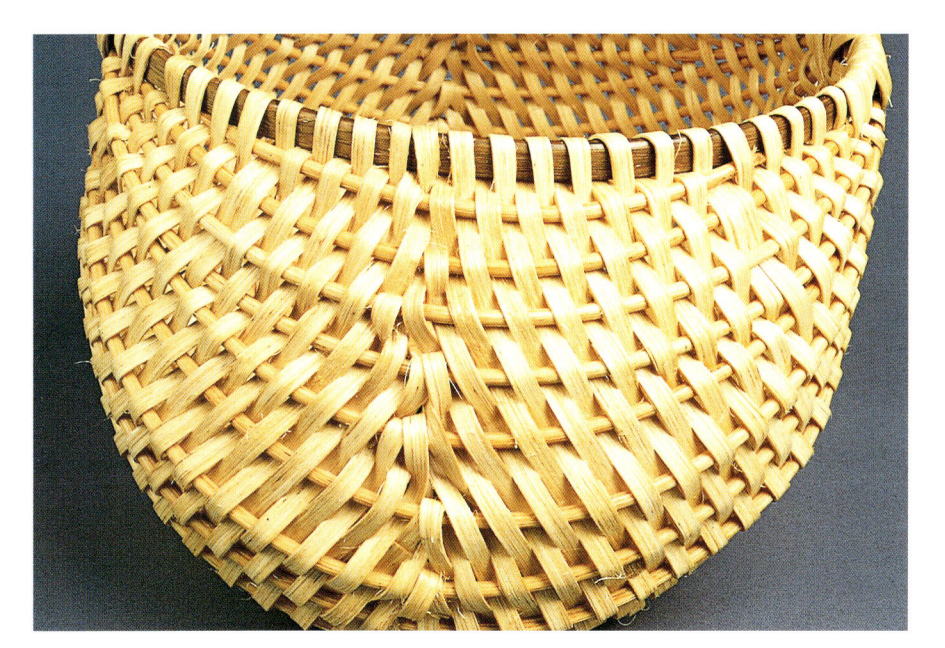

Fertig geflochtene Korbseite

Die primären Rippen einsetzen

Die Rippen 1 und 2 werden in die Tasche unterhalb des Rands eingesetzt. Die Rippen 4 und 5 kommen in die Tasche unten am Reifen. Damit die Rippen sich nicht wieder lösen, fügen Sie die Rippen 1, 2, 4 und 5 auf beiden Seiten des Korbs ein, bevor Sie Rippe 3 einfügen. Mit einer Ahle machen Sie ein Loch in die Stelle, an der sich die Umwicklung überkreuzt. Rippe 3 wird in dieses Loch eingesetzt. Bei dieser Rippe ist es am wahrscheinlichsten, dass sie heraus fällt, da sie keine Tasche hat.

Zur Sicherung der Rippen flechten Sie zwei Runden an einer Seite des Korbs, dann zwei Runden an der anderen Seite, bevor Sie mit dem Flechten fortfahren. Wie bei anderen geflochtenen Körben verläuft das Flechtmuster über und unter einer Rippe her. Wenn Sie in eine Richtung arbeiten, zeigt die glatte Seite des Fadens zur Außenseite, beim Flechten in die andere Richtung zeigt die raue Seite nach außen.

Um die Spannung zu kontrollieren und für einen gleichmäßigen Abstand der Rippen zu sorgen, flechten Sie einige Reihen auf einer Seite des Korbs und einige auf der anderen, bis der Faden zu Ende ist. Wenn ein Faden zu Ende geht, legen Sie den neuen über zwei bis drei Rippen auf den vorhandenen Faden und flechten weiter. Es ist fast unmöglich, bei einem Rippenkorb die Enden zu verstecken.

Die sekundären Rippen einfügen

Nachdem auf jeder Seite des Korbs fünf Runden geflochten wurden, fügen Sie den ersten Satz der sekundären Rippen ein.

> **TIPP**
> Achten Sie darauf, dass Ihr Faden lang genug ist, um mindestens zwei weitere Runden abzuschließen, bevor ein neuer Faden hinzugefügt werden muss.

Rippe 1 wird in den Raum direkt unter dem Rand eingefügt; die Rippen 2 bis 6 werden in dieselbe Tasche wie die primären Rippen 1 bis 5 eingefügt, und Rippe 7 wird in den Raum am unteren Reifen eingefügt. Achten Sie darauf, dass sieben Rippen auf jeder Korbseite eingefügt wurden. Diese sekundären Rippen sollten etwa die Längen der vorhandenen primären Rippen haben, zwischen denen sie eingesetzt werden. (Die sekundäre Rippe 1 wird länger sein als die primäre Rippe 1, aber kürzer als die primäre Rippe 2 und so weiter.) Der Korb breitet sich von Rippe 1 bis 3 fächerförmig aus und wird dann mit den

Aaron Yakim, Kohlenkorb aus handgespaltenen Weißeichenspänen, 20 x 37,5 x 37,5 cm, Foto: Cynthia W. Taylor. Das Rippengeflecht geht auf Traditionen in den Zentralen Appalachen zurück.

Molly Gardner, *Sierra*, Manzanita, Weide, Rippenkonstruktion, 25 x 62,5 x 35 cm, Foto: Sonnia Gore

übrigen Rippen in Richtung Bodenreifen wieder schmaler.

Fahren Sie mit dem Flechtmuster (eins über/eins unter) auf beiden Seiten des Korbs fort. Da zusätzliche Rippen eingefügt wurden, könnte es beim Flechtmuster für eine Runde zu einer Unterbrechung kommen, wo zwei über und zwei unter nebeneinander liegen. Das ist normal, wenn dies nur in einer Runde der Fall ist.

Flechten Sie insgesamt fünfzehn Runden, bevor Sie den letzten Satz sekundäre Rippen einsetzen. Rippe 1 wird unter dem Rand, Rippe 2 unter der primären Rippe 3 und Rippe 3 entlang dem Bodenreifen eingesetzt. Jetzt sollten auf beiden Korbseiten 15 Rippen vorhanden sein.

Formgebung

Die Spannung des Geflechts beeinflusst genau wie die Position der Rippen die Form des Korbs. Diese beiden Faktoren legen zusammen die Form fest. Wenn die Rippen nach oben gezogen und der Korb straff geflochten wird, ist die charakteristische Form weniger stark ausgeprägt. Wenn die Rippen nach unten in Richtung Bodenreifen gedrückt werden, wird die Form charakteristischer. Die Position der primären Rippe 3 wirkt sich ebenfalls stark auf die Form aus.

Obwohl für die Länge der primären und sekundären Rippen genaue Längen angegeben wurden, ist es wahrscheinlich, dass mehrere Rippenlängen angepasst werden müssen. Dies geschieht, indem die sekundären Rippen weiter in den Korb hinein geschoben oder nach außen gezogen werden. Die primären Rippen sollten als Richtschnur für die Position und Länge der übrigen Rippen dienen. Denken Sie daran, dass alles, was auf einer Korbseite gemacht wird, auch auf der anderen durchgeführt werden muss, damit der Korb symmetrisch wird und nach der Fertigstellung flach aufsitzt.

Nachdem alle sekundären Rippen an Ort und Stelle sind, wird der Korb auf eine ebene Oberfläche gestellt, um die Rippenlängen anzupassen. Dies sollte beim Flechten häufig wiederholt werden.

Ausfüllen

Der Bereich um den oberen Rand und den Bodenreifen herum wird wahrscheinlich vor dem Rest des Korbes ausgefüllt sein. In diesem Fall gehen Sie hinunter zur nächsten Rippe und fahren fort, als ob dies der Rand wäre. Die letzten

Links:
Vicki Johnson, zeitgenössischer ovaler Rippenkorb, Eichenspäne, gefärbtes Peddigrohr, Pfeilwurzranke, Rippenkonstruktion, 12,5 x 40 x 20 cm,
Foto: LSN Studios

Unten:
Veronica Stewart, Korb ohne Titel, Wisterie, Weinranke, Kiefernrinde, Samenhülsen, Rippenkonstruktion, 32,5 x 25 cm,
Foto: Jerry Anthony

Bereiche, die bearbeitet werden, befinden sich zwischen den Rippen 2, 3 und 4. Damit das Geflecht auf beiden Korbseiten gleich bleibt, füllen Sie diesen letzten Bereich von Seite zu Seite aus statt ganz auf einer Seite.

TIPP
Wenn der Korb nicht gerade steht, feuchten Sie ihn leicht an und drücken Sie von der Korbinnenseite gegen die Rippen. Die Rippen können manipuliert werden, damit der Korb gerade steht.

RIPPENKONSTRUKTION

Sharon Algozer, *Interconnections 1*, gefärbtes Peddigrohr, Yucca, Rippenkonstruktion, 35 x 120 x 50 cm, Foto: Michael Honer

Trevle Wood, *Butterfly Basket,* gefärbte gespaltene Eichenspäne, Rippenkonstruktion, 17,5 x 15 cm. Frau Wood ist eine Weißeiche-Korbflechterin in der vierten Generation.

11 Dekoration

Bei den Oberflächendekorationen handelt es sich um Verzierungen, die hinzugefügt werden, wenn der Korb fertig ist. Für die Konstruktion des Korbs sind sie nicht notwendig, vielmehr dienen sie dazu, das Aussehen des Korbs zu verändern. Durch den Einsatz von Oberflächenschmuck kann ein ganz gewöhnlicher Korb in ein Kunstwerk verwandelt werden. Hier kann man eigentlich nichts falsch machen – seien Sie kreativ und verleihen Sie Ihren Körben eine eigene, ganz besondere Note. Sie können kleine Bereiche oder den ganzen Korb verzieren. Drehen und wenden Sie die Flachschienen, fügen Sie Farbe oder Auflagen hinzu, dekorieren Sie den Korb mit Materialien aller Art.

Hochzeitskorb

Der Korb erhielt seinen Namen durch sein Aussehen. Die Kringel erinnern an ein festliches Ereignis und daher der Name Hochzeitskorb. Er kann mit Geschenken oder guten Wünschen gefüllt werden. Der Korb ist ein einfacher Marktkorb, der wie der Korb in Kapitel 5 geflochten wird. Doch durch den dekorativen Henkel und die Kringel wirkt er keinesfalls gewöhnlich.

Susi Nuss, *Matyia-Market*, Späne von Schwarzesche und Hickory, über einer Form gearbeitet, 25 x 22,5 x 17,5 cm

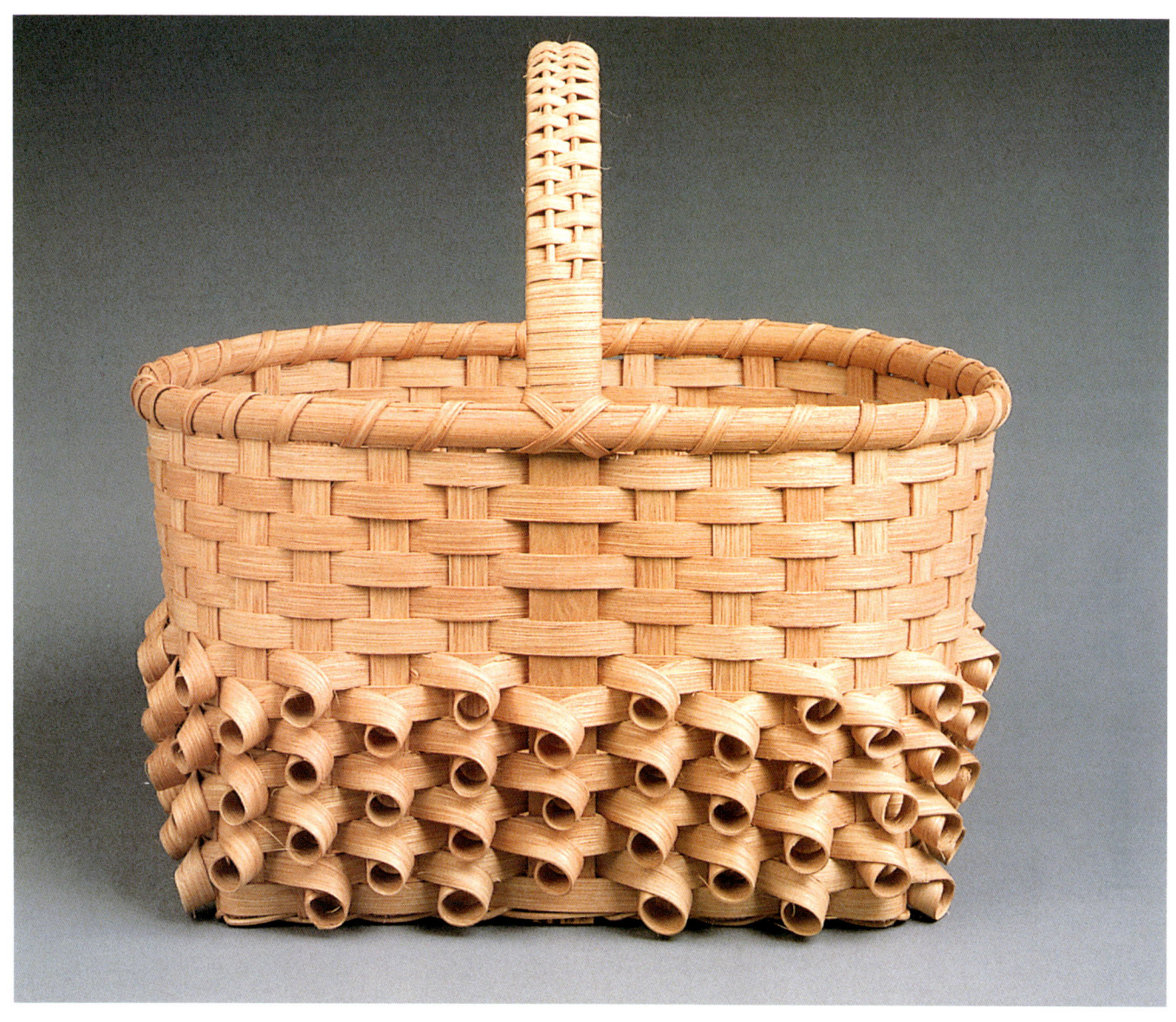

Billie Ruth Sudduth, Hochzeitskorb, mit Kringeln versehen, gefärbtes Peddigrohr, Eichengriff, 35 x 30 x 25 cm

Materialien für den Hochzeitskorb

Griff, 35 cm Höhe x 25 cm Durchmesser

Flachschienen (1,5 cm) für die Staken (17 Stück à 90 cm zuschneiden)

Flachschienen (1,2 cm) für Fäden und Kringel

Flachschiene (0,6 cm) zum Umwickeln des Henkels

Flachovalschiene (1,5 cm) für den Rand

Rundstab Nr. 2 zum Fitzen des Bodens

Rundstab Nr. 6 als Randfüller und für den Henkel

DEN BODEN FLECHTEN

Legen Sie neun Staken der Länge nach in 1,2 cm Abstand nebeneinander hin und richten Sie die Mittelpunkte aneinander aus. Flechten Sie vier Staken links vom Mittelpunkt im Abstand von 1,2 cm in der Einfachflechtart. Arbeiten Sie den Henkel entlang der Mittelpunktlinien ein. Flechten Sie die übrigen vier Staken rechts neben dem Henkel ein. Passen Sie den Boden an, sodass er 30 x 25 cm misst.

DEKORATION

Fitzen Sie mit dem Rundstab Nr. 2 um den Boden herum. Biegen Sie den Korb auf.

TIPP

Beim Einfügen des Henkels achten Sie darauf, dass die beiden äußeren Staken über den Henkel laufen. Dadurch verdeckt die erste Flechtreihe die unteren Enden des Henkels.

DIE SEITEN FLECHTEN

Flechten Sie 13 bis 15 Runden mit Flachschienen von 1,2 cm Breite, wobei Sie in Runden flechten. Die Anweisungen finden Sie in Kapitel 5 beim Korb im Kolonialstil. Arbeiten Sie die Runden nicht so dicht zusammen wie bei anderen Körben. So bleibt Platz, um später die Kringel einzufügen. Wenn die oberste Runde fertig ist, biegen Sie die Außenstaken nach innen und verwahren sie unter der dritten Flechtreihe. Schneiden Sie die Innenstaken auf Höhe der obersten Reihe gerade ab.

DEN HENKEL UMWICKELN

Legen Sie zwei Stücke Rundstab Nr. 6 über den sichtbaren Teil des Henkels und verwahren Sie die Enden in der ersten Flechtrunde auf der einen Seite. Fügen Sie das Ende einer langen, 0,6 cm breiten

TECHNIKEN FÜR DAS FLECHTEN DES HOCHZEITSKORBS

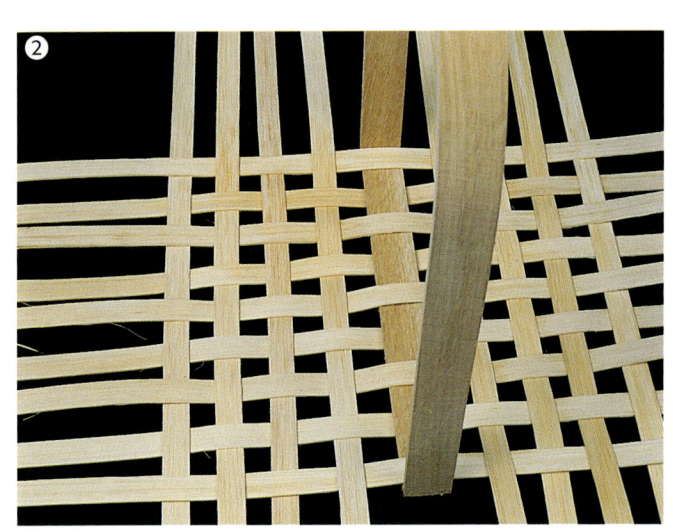

112 DEKORATION

Flachschiene unter einer verwahrten Stake ein, um sie zu sichern. Dann umwickeln Sie den Henkel achtmal. Ziehen Sie fest am Faden, dass er beim Trocknen nicht zu locker wird. Flechten Sie über und unter, dann unter und über den Rundstab Nr. 6 bis zur anderen Seite des Henkels. Wenn Sie fünf Zentimeter von der anderen Seite entfernt sind, umwickeln Sie den Henkel wieder. Verwahren Sie das Ende in der obersten Flechtrunde.

TIPP

Wenn Ihr Faden beim Umwickeln des Henkels zu Ende geht, legen Sie das Ende eines neuen Stücks auf den vorhandenen Faden und sichern Sie die Enden unter dem Rundstab Nr. 6.

RAND

Legen Sie je ein Stück Flachovalschiene von 1,5 cm Breite an die Innen- und Außenseite der obersten Reihe mit einer Überlappung von 1,2 cm. Platzieren Sie ein Stück Rundstab Nr. 6 auf die Randstücke, wobei die Enden am Henkel aneinander stoßen. Sichern Sie das Ganze mit Wäscheklammern. Umwickeln Sie den Rand mit

Cass Schorsch, Korb ohne Titel, Birkenrinde, 15 x 17,5 x 5 cm, Foto: Photogenics

TECHNIKEN FÜR DAS FLECHTEN DES HOCHZEITSKORBS

1. Den Henkel einfügen
2. Geflochtener Boden mit Henkel
3. Rundstab Nr. 6, der über dem Henkel eingefügt wurde
4. Umwickeln des Henkels
5. Faden zur Umwicklung des Henkels hinzufügen
6. Der erste Kringel
7. Durchziehen des Fadens für den zweiten Kringel

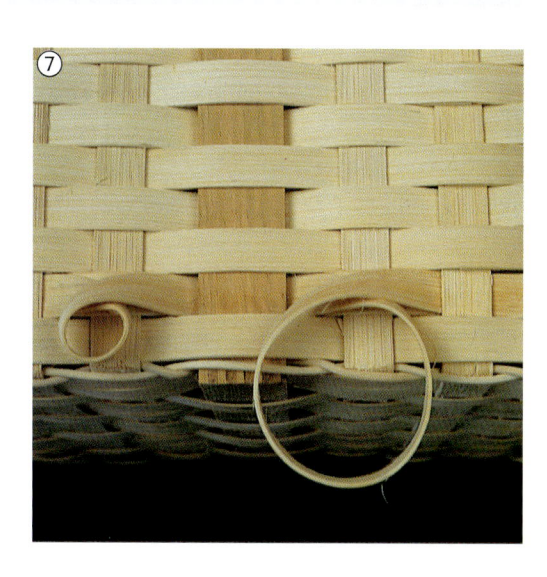

DEKORATION 113

einer Flachschiene von 0,6 cm Breite, wobei Sie am Henkel zur Sicherung ein X ausführen.

Der Boden kann mit Flachschienenresten von 1,2 oder 1,5 cm Breite ausgefüllt werden. In Kapitel 3 werden Variationen zum Ausfüllen eines Bodens beschrieben.

Kringel

Kringel können nach Fertigstellung des Korbs an jeder beliebigen Stelle befestigt werden. Beim Hochzeitskorb wurden sieben Reihen Kringel angebracht.

TIPP

Für Kringel sind nur die besten Flachschienen von 1,2 cm Breite geeignet. Wenn Sie andere Körbe flechten, bewahren Sie glatte, biegbare Flachschienen in dieser Breite für Kringel auf.

Beginnen Sie mit den Kringeln bei der zweiten Flechtreihe vom Boden aus gesehen. Verwahren Sie das Ende einer 1,2 cm breiten Flachschiene unter einer Stake rechts, wobei die gute Seiten nach außen zeigt. Kringeln Sie die Flachschiene von rechts nach links um Ihren Finger, wobei die gute Seite weiterhin nach außen zeigt. Führen Sie das Ende der Flachschiene über den Kringel, führen Sie es unter der nächsten Stake links ein und ziehen Sie es dann durch. Wiederholen Sie diesen Schritt, während Sie sich um den Korb herum vorarbeiten.

Wenn der Anfangskringel erreicht wird, verwahren Sie das Ende unter der Anfangsstake. Eine neue Flachschiene wird hinzugefügt, indem Sie das Endstück und das neue Stück unter derselben Stake verwahren und die Enden verstecken. Wenn Sie beim Einfügen der Kringel Schwierigkeiten haben, verwenden Sie Flachschienen in der nächst kleineren Größe (0,9 cm) als die Reihe hat, in der Sie sie einfügen (1,2 cm).

Sheila M. King, *Tribute to Mother Nature,* Rundstäbe, handgeschöpftes Papier, Birkenrindenranken und Palmwedel, 30 x 45 x 15 cm

Bonne Jean Bertlshofer, *Woven Wave,* 52,5 x 25 x 47,5 cm

Billie Ruth Sudduth, *Appalachian Springs,* gefärbte Flachschienen und Rundstäbe, 42,5 x 50 x 35 cm

Sie können eine einzelne Runde mit Kringeln dekorieren oder den Korb ganz damit abdecken, sodass ein doppelwandiger Korb entsteht. Auf jeder Seite könnten Sie ein Kringelmuster in Kontrastfarben einflechten.

RUNDSCHIENENKRAUSEN

Befestigen Sie das Ende einer langen Rundschiene mit einer Wäscheklammer an einem Holzpflock. Achten Sie darauf, dass der Rundstab sehr nass und biegbar ist, damit er nicht bricht. Umwickeln Sie den Holzpflock fest mit dem Rundstab, bis er ganz aufgebraucht ist und sichern Sie das zweite Ende mit einer Wäscheklammer. Lassen Sie das Material ganz trocknen, bevor Sie die Wäscheklammern entfernen. Die Krausenenden werden in den Korb eingeflochten und sind innen normalerweise sichtbar, sodass eine weitere dekorative Dimension entsteht. Es ist ein zeitaufwändiges Verfahren, das das Aussehen eines Korbs völlig verändern kann.

Feuchtigkeit wirkt sich auf diese Art Krausen aus. Man kann diese Dekoration mit einem matten Polyurethanspray einsprühen, damit die Spannung der Krausen erhalten bleibt.

AUFLAGEN

Eine Auflage ist ein Geflecht auf einem vorhandenen Geflecht, das normalerweise in einer Kontrastfarbe ausgeführt wird. Diese dekorative Betonung kann die Aufmerksamkeit auf Merkmale wie Korbsignierungen, Ecken oder Muster lenken. Es handelt sich um eine einfache Technik, aber es bedarf einiger Geduld beim Verstecken der Fadenenden.

Judy Dominic, *Earth Mother Series Nr. 5,* Flaschenkürbis, Wachsgarn, verschiedene Schlammsorten, Netz ohne Knoten, modifizierte bogolan «fini», 15 cm Höhe x 13,75 cm Durchmesser, Foto: Chuck Schauer

Wenn das Geflecht ungewöhnlich straff ist, kann es schwierig sein, eine Auflage hinzuzufügen. Es ist einfacher, wenn der Korb ganz trocken und der Faden nur leicht feucht ist. Die Vorteile einer Auflage bestehen darin, dass das Design betont wird und Farbe dort angebracht werden kann, wo sie erwünscht ist.

Carole Hetzel und Steven Hetzel, Peddigrohr und Kupfer, 47,5 x 27,5 x 32,5 cm

Körbe bemalen

Dieser Schmuck bietet die meisten Möglichkeiten. Ein Muster könnte beispielsweise nur auf den Rand oder die gesamte Korboberfläche gemalt werden. Sie könnten eine Farbe oder einen ganzen Regen-

Billie Ruth Sudduth, *Signature Basket,* gefärbtes Peddigrohr mit gebeizter Auflage, fortlaufende Flechttechnik, 20 x 20 x 20 cm

Billie Ruth Sudduth, *Speculation,* gefärbtes und bemaltes Peddigrohr, Köpertechnik, 35 x 40 x 40 cm

Bemalen des Korbrands

bogen an Farben verwenden. Bevor Sie mit dem Malen beginnen, müssen die Korbfasern «versiegelt» werden, da sich die Farbe sonst ausbreitet und in die Fasern eindringt. Ein mattes Polyurethanspray ist zum «Versiegeln» der Fasern gut geeignet. Es wird leicht auf die Korboberfläche aufgesprüht und trocknet schnell.

TIPP

Um kleine Muster auf einen Korb zu malen, schneiden Sie die Borsten des Pinsels ab und verwenden die Metallspitze zum Malen. Dies verhindert, dass zu viel Farbe in den Borsten enthalten ist und erleichtert die Kontrolle der Farbmenge.

Schablonieren

Da beim Schablonieren weniger Farbe verwendet wird, ist das Versiegeln der Korbfasern normalerweise nicht erforderlich. Früher verwendete man einen Kartoffelstempel zum Bedrucken von Körben. Das Muster wurde in die aufgeschnittene Kartoffel geschnitten, die dann vor dem Stempeln in Farbe getaucht wurde.

Lasieren

Nach Fertigstellung des Korbs kann eine stark verdünnte Farbschicht auf den Korb aufgetragen werden. Eine Lasur verleiht dem Korb ein antikes Aussehen. Farben auf Wasserbasis sind für diese Technik am besten geeignet.

Diverse Materialien

Fast jeder Artikel kann durch Kleben, Nähen, Wickeln oder Flechten an einem Korb befestigt werden. Sehr beliebt sind Perlen, Federn, Muscheln, Glöckchen, Knöpfe, Garn und Metall.

John Garrett, *Pop Pod,* Getränkedosen aus Aluminium, Metallstoff, 33,7 x 47,5 x 47,5 cm, Foto: David Kingsbury

12
Wickeln, Knüpfen und Nähen

Der Begriff Korb ist weit gefasst und ruft viele Assoziationen hervor. Ein Korb ist ein Gefäß, ein Behälter, eine Tragevorrichtung, ein vertrautes Objekt. Die Korbherstellung umfasst viele Kunsthandwerke, da Töpfer, Glasbläserinnen, Papierherstellerinnen und Eisenschmiede Objekte herstellen, die sie als Körbe bezeichnen. Die Korbflechterei ist eins der wenigen Kunsthandwerke, das sich anhand der Technik und nicht anhand des Materials identifizieren lässt. Das Gemeinsame zwischen den geflochtenen Objekten – seien sie funktional oder eher dekorativ – besteht darin, dass sie beispielsweise paargeflochten, gerippt, geköpert oder gewickelt sind.

Die meisten Körbe entsprechen dieser breit gefassten Beschreibung, doch auf einige trifft sie nicht zu. Zeitgenössische Korbflechter erforschen verschiedene Techniken, von denen einige neu, einige aus anderen Bereichen ausgeliehen sind, und experimentieren mit einer Vielfalt an Materialien, um für Körbe eine ganz neue Definition zu finden. Die Ergebnisse sind faszinierend und erweitern die Grenzen dieses zeitlosen Themas.

Nachfolgend werden einige populärere und innovative Techniken vorgestellt, die nicht zu den Flechttechniken im engeren Sinne ge-

Elizabeth Whyte Schulze, *Bull and Horses,* Raffiabast, Peddigrohr, Acrylfarbe, gewickelt, 51 cm Höhe x 49 cm Durchmesser

zählt werden. Obwohl Ihnen diese Beschreibungen eine Vorstellung von der Vielfalt geben werden, sind sie bei weitem nicht umfassend. Ich möchte diejenigen unter Ihnen, die Interesse haben, ermutigen, mehr über diese Körbe herauszufinden (und vielleicht sogar über dieses Thema zu schreiben, da es umfassender abgehandelt werden sollte, als dies hier möglich ist).

Wickeln

Die beim Wickeln eines Korbes verwendeten Techniken werden normalerweise eher mit dem Nähen als mit dem Flechten oder Weben in Zusammenhang gebracht, da es keine Kette und keinen Schuss gibt. Statt dessen bestehen die beiden Komponenten bei einem gewickelten Korb aus der Einlage oder dem

Ganz oben: Kathleen Peelen Krebs, *Oasis Bloom*, Kiefernnadeln, Dattelpalmenblüten, Wachsgarn, gewickelt, 20 x 37,5 cm, Foto: G. Krebs

Oben: B. Lee Sipe, Korb ohne Titel, Kiefernnadeln, Raffiabast, gewickelt, 12,5 cm Höhe x 40 cm Durchmesser

Rechts: Joanna Lindsly, *Westward*, gewickelter Raffiabast über Peddigrohr, Acrylfarbe, Farbstoff, Sticktwist, Laserkopien von Kunstwerken, 28 cm Höhe x 17,5 cm Durchmesser, Foto: Tom Moulin

Lissa Hunter,
So Little Time,
Holz, Papier,
Hanfschnur, Raffiabast,
Forsythienzweige, Blatt,
Fundobjekte, Farbe,
Sprenkelung, Graphit,
gewickelter Korb,
100 x 35 x 9 cm,
Foto: K.B. Pilcher

Kern und dem Nähmaterial. Bei der Einlage handelt es sich normalerweise um ein hartes Material, während das Nähmaterial weicher und biegsamer ist.

Die meisten gewickelten Körbe sind rund oder oval und beginnen mit einem Kern im Zentrum. Das Zentrum wird umwickelt, und im Folgenden werden die Wicklungen aufeinander geschichtet und zusammengenäht. Eine Ahle, Nadel oder das stumpfe Ende eines Teelöffels wird oft zum Erstellen der Nähte verwendet. Da die Wicklungen dicht umnäht werden, sind die Körbe meistens sehr stabil, etwas starr und haltbar. Die einfachsten Körbe in dieser Machart sind gewickelt und genäht.

Gewickelte Körbe können von allen Korbtechniken aufgrund der Anzahl Stiche pro Zentimeter die arbeitsaufwändigsten sein. Im Allgemeinen ist die Wicklung um so feiner, je mehr Stiche pro Zentimeter verwendet werden. Materialien, die für den Kern geeignet sind, sind Kordeln aus Seil, Grasbündeln, Seegras, Stroh, Jute, Sisal und Binsen. Das Nähmaterial umfasst Raffiabast, fein gespaltenes Peddigrohr, Weidenrinde, Palmettoblätter, Schnur und Wachsgarn. Die Wahlmöglichkeiten sind praktisch endlos. Gewickelte Körbe werden oft mit anderen Naturmaterialien, Fundstücken und Farbe verziert. Folgende Stiche werden häufig verwendet:

- Der Achter- oder Navajostich
- Überwindlingsstich
- Indianerstich oder Kurz-und-lang-Stich

Die gewickelten Körbe der Indianer, speziell jene, die in den südwestlichen Teilen der USA gefunden wurden, zählen weltweit mit zu den schönsten und gefragtesten Körben. Die Namen vieler Stiche im Zusammenhang mit der Wickeltechnik gehen auf die Indianer zurück.

Links: Linda Fifield, *Forest Fire*,
Glasperlen, Nylongarn,
Holzgefäß, Netzstich,
16 cm Höhe x 11 cm Durchmesser

Unten: Katherine Westphal, *Sun Dance*

WICKELN, KNÜPFEN UND NÄHEN 123

Linda Fifield, *Totems,* Nylongarn, Glasperlen, Holzgefäß, Verschlingen, 17,5 cm Höhe x 7 cm Durchmesser

Knüpfen

Anwendungen aus dem Bereich der Faser- und Textiltechniken sind das Knüpfen und das Verschlingen. Mit der erneuten Beliebtheit des Flechthandwerks in den 80er Jahren wurde das Knüpfen eine wichtige Technik der Korbherstellung. Doch Hinweise zum Knüpfen findet man am häufigsten in Büchern zum Thema Makramee, nicht in Büchern über das Korbflechten.

Mit dieser Art der Korbherstellung werden vor allem kleine Behälter gefertigt, die sehr dekorativ und farbenfroh sind. Die Technik ist so arbeitsaufwändig wie das Wickeln und erfordert viel Geduld, aber die Designmöglichkeiten sind unerschöpflich. Oft wird Wachsgarn verwendet, sodass alle Farben des Regenbogens eingesetzt werden können. Andere zum Knüpfen geeignete Materialien sind Garn, Seil, Raffiabast und Schnur. Beim Knüpfen sind auch viele Muster möglich.

Bei dieser Technik werden nicht nur Knoten geknotet, vielmehr werden eher Schlingen als Knoten gearbeitet. Denken Sie beim Knüpfen an das Schleifenbinden bei Schnürsenkeln. Die Spannung auf jeder Seite des Knotens ist gleich. Beim Verschlingen ist die Spannung der beiden Elemente jedoch nicht gleich. Ein Faden wird in die entstehende Schlinge eingeführt, während der andere Faden die Schlinge bildet. Ein Faden bildet den Kern (wie beim Wickeln) und ist inaktiv. Der andere Faden (es können auch mehrere sein) ist aktiv und bildet eine Schlinge über dem passiven Faden, die fest angezogen wird.

Die grundlegenden Knoten bei dieser Technik sind der halbe symmetrische und der halbe asymmetrische Knoten sowie der ganze Schlag.

Kate Anderson, *Andy Warhol Cup*, Wachsgarn, geknüpft, Griff aus Plastik-Coca-Cola-Flaschen, 12,5 cm Höhe x 17 cm Durchmesser, Foto: David Kingsbury

Norman Sherfield, *Honey Dipper*, geknüpftes Wachsgarn mit Steinen, 7,5 x 25 x 7,5 cm

Folgende Komponenten umfasst das Knüpfen:
- Rippen – die Reihen, die beim Knüpfen entstehen
- Stoff – die flache oder dreidimensionale Oberfläche, die mit Knotenreihen geschaffen wird
- Materialien, die für den Kern oder Knoten verwendet werden.

Der Prozess ist zeitaufwändig und die Materialien sind delikat, aber das Endprodukt lohnt die Mühe.

Nähen

Zeitgenössische Korbflechter setzen eine Vielfalt an Nähtechniken zur Herstellung von Körben ein. Viele Techniken sind der Stickerei, dem Häkeln oder dem Stricken entlehnt.

Bei der Herstellung von Perlenkörben werden Nadel und Faden eingesetzt, um die Perlen jeweils einzeln miteinander zu verbinden, sodass ein Gewebe aus Glasperlen und Nylonfaden entsteht. Bei dem Stich, der bisweilen als geköperter Stich oder diagonales Gewebe bezeichnet wird, handelt es sich um eine Verschlingtechnik. Die Perle ersetzt den Knoten in einer Netzstruktur. Der Stich kann für sich allein oder über einer Form gearbeitet werden. Die Perlen haben hier nicht nur schmückende Funktion, sondern dienen als Korbwände selbst.

Umwickeln

Bei umwickelten Körben werden viele Techniken der gewickelten Körbe eingesetzt, allerdings ohne die Nähstiche. Die Materialien werden auf andere Weise, zum Beispiel mit Kleber oder Nieten, miteinander verbunden. Ein harter Kern kann fortlaufend um sich selbst

Patsy K. Walden, *Crescent Moon*, Kiefernnadeln, gewickelt, künstliche Sehne, Tonkugel, 27,5 x 25 x 15 cm

Ruth Greenberg, *Pitcher II*, Winde, Treibholz, knotenlos verschlungen, 7 x 7 x 7,5 cm, Foto: Phillips Camera

Ann Hall-Richards, *Swelling Consciousness*, Papier, Wachsgarn, gefitzt, 30 x 45 x 12,5 cm, Photo: Warwick Green Photography

gewickelt werden, spiralförmig vom Zentrum aus verlaufend. Da bei dieser Technik nicht genäht oder geflochten wird, muss ein separater Boden konstruiert werden, an dem die Korbform befestigt und gesichert wird.

Formen

Auch aus Papier oder Stoff können Körbe gefertigt werden. Handgeschöpftes Papier, das aus Recyclingpapier und Baumwollfasern hergestellt wird, wird in Schichten über eine Form, beispielsweise eine Schüssel oder ein Glas, gelegt. Mit Tapetenkleister werden weitere Papier- und Stoffschichten verklebt. Im nassen Zustand können Füße angesetzt oder andere Variationen gestaltet werden.

Objekte in beliebiger Form können zum Formen eines solchen Korbs verwendet werden. Die einzige Voraussetzung ist, dass die Form nicht porös ist, da sie sonst beim Schichten Wasser und Kleister absorbiert. Der obere Bereich des Korbs muss außerdem breit genug sein, um die Form später wieder zu entfernen.

Bei anderen Techniken wird die Form gefaltet, oder Schmuck wird mit Hilfe von Nähtechniken oder mit Nieten an der fertigen Form befestigt. Bestickter Stoff wird gestärkt, über eine Form geschichtet und dann getrocknet. Das fertige Objekt ähnelt einem Korb.

• • •

Die Definition von Körben wurde in den letzten 25 Jahren stark erweitert. Heute sind die Techniken, Stilarten, Größen, Farben und Materialien so verschieden wie die Leute, die die Körbe herstellen. Das als Korb bezeichnete Objekt ist eine Kunstform von unglaublicher Vielfalt und zeitloser Schönheit.

Charles Dowd, Kate Groff Dees, Körbe ohne Titel, Wellpapier

Mary Ruth Webb, Korb ohne Titel, handgeschöpftes Papier, Stoff, Bambus, 30 x 20 x 20 cm

Norma Minkowitz, *Floater,* gehäkelt, Fasern, Farbe, 39 x 31 x 31 cm, Sammlung: Karen Mesch Beatty, Foto: Bobby Hansson

Anhang

Jane Sauer, *No Separation,* Wachsgarn und Farbe, geknüpft, 69 x 40 x 25 cm, Foto: David Kingsbury

Anhang A
Glossar

Abknicken und Verwahren. Die Technik zur Endbearbeitung und zum Sichern der Staken oder Speichen, bevor der Rand angebracht wird.

Ahle. Ein spitzes Werkzeug, hier um ein Loch in eine Kreuzbindung zur Platzierung von Rippen zu stechen oder um das Geflecht zu öffnen.

Ansetzen oder Spleißen. Das Anfügen eines neuen Flechtfadens.

Aufbiegen. Umbiegen der Speichen oder Staken des Bodens, sodass sie aufrecht stehen.

Auflagen. Eine dekorative Flechtart über bereits vorhandenem Geflecht.

Ausfüllen. Fertigstellung eines Rippenkorbs zwischen dem Rand und dem Bodenreifen. Auch eine Technik zum Schließen des Korbbodens.

Bindung. Der Bereich, an dem die Reifen eines Rippenkorbs miteinander verbunden sind.

Boden ausrichten. Den geflochtenen Boden den gewünschten Maßen genau anpassen.

Breite. Das Maß an der breitesten Stelle des Korbs.

Chasing. Eine Flechttechnik, bei der gleichzeitig zwei Fäden verarbeitet werden, wobei der eine Faden eine ganze Runde um den Korb herum geführt wird, während

Ryuun Yamaguchi, *Waves*, Bambus, Foto: Textiles Arts Gallery, Santa Fe, New Mexico

ihn der zweite «verfolgt», aber nicht überholt.

Diagonales Weben. Eine Webtechnik, bei der Boden und Seiten miteinander verwoben werden.

Doppelboden. Eine Bodenkonstruktion, bei der der zweite Boden auf den ersten platziert und beim Flechten befestigt wird.

Einfachflechten. Flechtart, bei der der Faden über und unter einer Stake hergeführt wird.

Einseitige Köperung. Eine Flechtart, die in einem Spiralmuster über zwei Elemente und unter einem Element her verläuft.

Fitzen. Eine Flechttechnik mit gleichzeitig zwei Fäden, wobei der eine vor und der andere hinter derselben Stake oder Speiche hergeführt wird. Dazwischen wird eine Drehung ausgeführt.

Flechtfaden. Das zur Herstellung des Korbs verwendete Material, nachdem der Boden oder Rahmen fertig gestellt sind.

Fortlaufendes Flechten. Flechtart, bei der geflochten wird, bis der Faden endet und erst dann ein neuer Faden angesetzt wird. (Gegensatz zu *Rundenflechten*)

Füllmaterial. Das Material, mit dem freie Bereiche gefüllt werden. (Zum Beispiel zwischen den Rippen.)

Gleichmäßige Köperung. Eine Flechtart, bei der die Anzahl der Staken, über die und unter denen der Flechtfaden her geführt wird, gleich ist.

Japanische Flechtart. Siehe *einseitige Köperung*

Kerbe. Der ausgeschnittene Bereich des Henkels, wo der Rand eingesetzt wird, um ihn an Ort und Stelle zu halten.

Kette. Die Staken oder Speichen eines Korbs. (Begriff aus dem Weben)

Kimmen. Drei oder mehr Fäden, die sich umeinander drehen, während sie über zwei und hinter einer Speiche verflochten werden.

Köpern. Flechttechnik, bei der der Faden mindestens über zwei und mindestens unter einem Element her geführt wird.

Kreuzbindung. Technik, bei der die Reifen eines Rippenkorbs miteinander verflochten und befestigt werden.

Krausen und Kringel. Elemente zur Verzierung von Körben.

Peddigrohr. Der Innenkern der Rattanpalme, der im Handel beispielsweise für das Korbflechten erhältlich ist.

Norman Sherfield, *High Rise,* Wachsgarn, geknüpft, Fundobjekte, 62,5 x 6 x 6 cm, Foto: David Kingsbury

Patti Lechman, *Eos,* Nylongarn, geknüpft, 12,5 x 15 x 12,5 cm

GLOSSAR 131

John Garrett,
Winged Chronicle,
graviertes Kupfer, Nieten,
37,5 x 50 x 50 cm,
Foto: David Kingsbury

Rand. Der obere Bereich des Korbs entlang der Innen- und Außenseite der obersten Flechtrunde.

Randfüller. Materialien, die zwischen die Randschienen platziert werden, um die Oberfläche der letzten Flechtrunde abzudecken und dem Korb Stabilität zu verleihen.

Rattan. Die Palme, aus der Peddigrohr gewonnen wird.

Reifen. Die runden, ovalen oder quadratischen Rahmen von Rippenkörben, die umwickelt und verbunden werden.

Rippe. Eine Technik der Korbkonstruktion, bei der Reifen als Rippen zusammengebunden werden, um als Skelett des Korbs zu dienen.

Runde. Der vollständige Weg des Fadens um den Korb herum.

Rundenflechten. Flechttechnik, bei der nach jeder Runde ein neuer Faden verwendet wird. (Gegensatz zu *fortlaufendem Flechten*)

Rundflechten. Eine Über-Unter-Flechtart, mit einem einzelnen Faden. Bezieht sich meistens auf Rundstäbe, die mit einer ungeraden Zahl Staken oder Speichen verflochten werden.

Schienen. Flechtmaterial, das für Staken, Speichen und Fäden verwendet wird.

Schuss. Die Flechtfäden eines Korbs. (Begriff aus dem Weben)

Speichen. Die Elemente, die den Boden eines runden Korbs bilden.

Spirale. Muster, das entsteht wenn bei fortlaufendem Flechten in Köpertechnik gearbeitet wird.

Staken. Die Elemente, die den Boden eines quadratischen oder rechteckigen Korbs bilden.

Stakenbeschwerer. Ein schweres, linealähnliches Werkzeug, mit dem die Speichen oder Staken an Ort und Stelle gehalten werden, während der Korbboden geflochten wird.

Strich. Ein Begriff, der beim Köpern in Bezug auf den Verlauf des Musters verwendet wird, wobei

Stephen, Kostyshyn, *Vase*, Peddigrohrspeichen und –fäden, 27,5 x 25 x 25 cm

jede Runde eine Stake oder Speiche links oder rechts von der vorhergehenden begonnen wird.

Überlappung. Ein Faden wird neben oder auf einen anderen gelegt und dann wie nur einer verflochten.

Umkehrung. Das Muster verläuft in die entgegengesetzte Richtung.

Umwicklung. Technik zum Beispiel beim Zusammenbinden von Rändern.

Ungleichmäßige Köperung. Eine Flechtart, bei der die Anzahl Elemente, über die geflochten wird, nicht dieselbe ist wie die Anzahl Elemente, unter der der Faden hergeführt wird.

Verzierungen. Dekorationen, die bei einem Korb hinzugefügt werden.

Wellenköperung. Eine Flechtart mit ungleichmäßigem, wellenförmigem Aussehen.

Wickeln. Eine Technik der Korbherstellung, bei der ein Kern oder eine Einlage umwickelt wird und diese Umwicklungen aufeinander geschichtet und zusammengenäht werden.

Zusammendrücken. Jede Flechtreihe wird auf die Reihe darunter gedrückt.

Anhang B
Bezugsquellen

DEUTSCHLAND

Alfred Bechauf & Co.
Hauptstraße 20
96279 Weidhausen
(Peddigrohr, Peddigschienen,
Peddigband, Weiden, Manau-Stäbe,
Stuhlflechtrohr)

Robert Holtzapfel GmbH
Rohrbacherstraße 30
96271 Grub am Forst
(Peddigrohr, Peddigschienen,
Peddigband, Stuhlflechtrohr)

Firma Andreas Schardt
Postfach 1224
96244 Michelau
(Peddigrohr, Peddigband,
Weiden, Stuhlflechtrohr, Rohrbast,
Binsenschnur, Boondootrohr,
Tohiti-Manila, Ramin, Korbrohr,
Bambus, Rattan)

Andreas Scherer
Landwehrstraße 27
96247 Michelau
(Sämtliche Korb- und
Flechtmaterialien, Textilien,
Folien, Kunststoffe)

Linda Lugenbill, *XL Round,* Wisterie, Peddigrohr, handgesponnene Fasern, Farbstoff, Rippenkonstruktion, 90 x 87,5 x 95 cm, Foto: Rik Helstrom

Judy Dominic, *Sheltered*, Kiefernzweig, gefärbtes Peddigrohr, Rippenkonstruktion, Einfachflechtung, 22,5 x 40 x 17,5 cm, Foto: Chuck Schauer

SCHWEIZ

Max Fehr, Bastelmaterialien und Seilerei
8586 Erlen
(Peddigrohr, Peddigschienen, Peddigband, Weiden, Stuhlflechtrohr, Wickelrohr, Rohrbast, Boondootrohr, Klofpenrohr, Elha-Schnur, Sumpfgras, Strohborten, Bambus)

Kehl Peddig
Bachstraße 4
9113 Degersheim
(Peddigrohr, Flechtmaterial)

Gottfried Scheidegger
Busswilstraße 22
3250 Lyss
(Peddigrohr, Peddigschienen, Peddigband, Weiden, Stuhlflechtrohr)

Schneider Korbwaren AG
9464 Rüti
(Peddigrohr, Peddigschienen, Peddigband, Weiden)

Korbflechterei Verdet
Chasa 70
7545 Guarda
(Weiden, Binsen)

ÖSTERREICH

Gröhl Gustav
Hauptstraße 61
8650 Kindberg
(Peddigrohr)

Hübner Farben KG
Schillerstraße 20
9800 Spittal an der Drau
(Peddigrohr)

POLEN

Gaba 2 Sp. z o. o., ul.
Kolejowo 11 A
05-805 Kanie
(Weiden, Holzspan, Stroh, Birkenreisig)

Anhang C
Verbände und nützliche Adressen

Trevle Wood, Eierkorb mit flachem Boden, gespaltene Eichenspäne, Rippenkonstruktion, 25 x 27,5 x 27,5 cm

Deutschland

Deutsches Korbmuseum
Bismarckstraße 4
96247 Michelau

Innovations-Centrum des Deutschen Flechthandwerks
Schneidmühleweg 28
96215 Lichtenfels

Innungsverband der Korbmacher, Kreishandwerkerschaft Lichtenfels
An der Mainau
96215 Lichtenfels

Staatliche Berufsschule für Korbflechterei
Kronacherstraße. 32
96215 Lichtenfels

Schweiz

IGK Schweiz Interessengemeinschaft Korbflechterei Schweiz
Bernstraße 9,
3117 Kiesen

Schweizerisches Freilichtmuseum Ballenberg
3855 Brienz

Weiden-Versuchspflanzung Oberli
Frau G. Oberli-Debrunner
Höhenweg 9
9630 Wattwil

Polen

Przemyski Wikliniarsko-Trzciniarskego W Kwidzynie
(Polnische Fachschule für Korbflechterei)
82500 Kwidzyn

Frankreich

Bambouseraie
(einziger exotischer Bambusgarten Europas)
Generargues
30140 Anduze

Ecole Nationale d'Osiericulture et de Vannerie
(Weidenbau- und Korbflechterschule)
52500 Fayl-La Fôret

Großbritannien

Basketmakers Association
c/o Sally Goymer
37 Mendip Road
Cheltenham
Glos GL52 3EB

Anhang D
Literaturhinweise

Aas/Riethmüller Naturführer Bäume- Laub- und Nadelbäume Europas erkennen und bestimmen München, Gräfe und Unzer, 1994

Ammann, Gottfried
Bäume und Sträucher des Waldes; Augsburg, Naturbuch-Verlag, 1992

Barratt, Olivia Elton
Korbflechten; Augsburg, Augustus, 1991

Bäume der Welt
Eine Enzyklopädie, hg. von Bayard Hora Leinfelden-Echterdingen, DRW-Verlag, 1993

Burns, Hilary
Weiden, Binsen, Peddigrohr
Bern/Stuttgart/Wien, Haupt, 2000

Boerner, Franz
Taschenwörterbuch der botanischen Pflanzennamen für Gärtner, Garten- und Pflanzenfreunde, Land- und Forstwirte
Berlin, Parey, 1989

Brockmann, Andreas
Hand-, Lehr- und Musterbuch für Korb- und Strohflechter. Weimar, 1882 (Reprint 1984)

Collingwood, Peter
Textile Strukturen
Bern/Stuttgart/Wien, Haupt, 1988

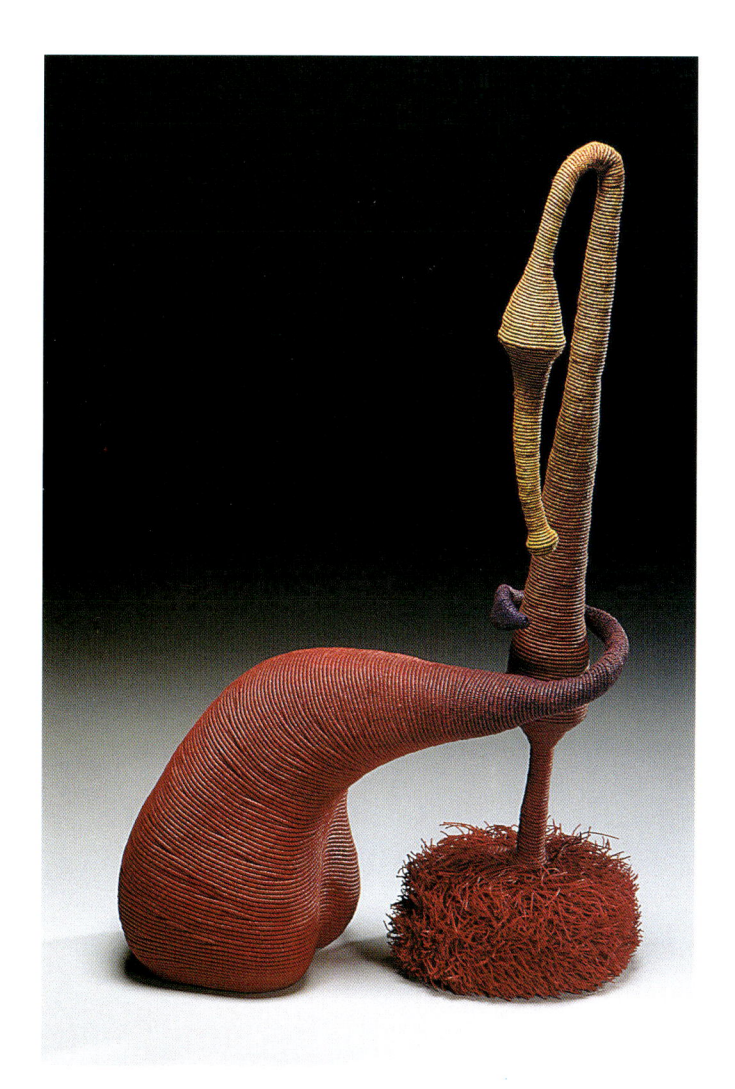

Jane Sauer, *Uluru,* Wachsgarn, geknüpft, 50 x 32,5 x 14 cm, Foto: David Kingsbury

John Skau, Auswahl aus *Forest of Baskets,* röhrenförmige Köperung, einfache Doppelflechtung, Späne aus Ahorn, Birke und Rosenholz, Acrylfarbe, Holzfarbstoff, Lack, 169 bis 209 cm hoch

Dausiens großes Buch der Bäume und Sträucher
Hanau, Dausien, 1989

Eckert-Ulrich, Jeannette
Peddigrohr
Wiesbaden, Englisch, 1997

Enke, Fritz/Buchheim, Günther/Seybold, Siegmund
Handwörterbuch der Pflanzennamen
Stuttgart, Ulmer, 1994

Fisch, Arline M.
Textile Techniken in Metall
Bern/Stuttgart/Wien, Haupt, 1998

Hangleiter, Hanne
Flechten mit Bast, Stroh und Peddigrohr
Niedernhausen, Falken, 1980

Hoppe, Flo
Flechten mit Peddigrohr
Bern/Stuttgart/Wien, Haupt, 1998

Hora Siccama, Fernande/ Lemstra, Pien
Körbe - Schmückendes Flechtwerk für Haus und Garten
Hildesheim, Gerstenberg, 1994

Huber, Hannes
Korbflechten
Basel, Eigenverlag, 1977

Hugger, Paul
Der Korbflechter
Schweizerische Gesellschaft für Volkskunde, Heft 17,
Basel, Krebs

Jensen, Elizabeth
Korbflechten - Das Handbuch.
Körbe aus 147 verschiedenen
Pflanzen
Bern/Stuttgart/Wien, Haupt, 1994

Jentsch, Thunar
Flechten - Handwerk mit
Tradition; Luzern,
Kinderbuchverlag, 1989

**Johnson, Kay/Barratt
Olivia Elton/Butcher, Mary**
Flechtwerk für Stühle. Flechten
und Restaurieren mit Binsen,
Weiden, Rohr und Kordel
Augsburg, Augustus, 1991

Kaiser P. und Scholz, G. A.
Korbweidenbau
Leipzig, Hackmeister, 1952

Korb- und Strohflechter
1982, Reprint Hannover,
Schäfer, 1984

Kunz, Heinrich
Peddigrohrflechten
Bern/Stuttgart/Wien, Haupt,
6.A., 1998

Lautenschlager, Ernst
Die Weiden in der Schweiz
Basel, Birkhäuser, 1989

Maki, Masako
Mit Peddigrohr flechten
Stuttgart, 1988

Meier, Günter
Farben aus Pflanzen.
Forschung, Herstellung,
Anwendung
Dornach, Goetheanum, 1994

Milner, Ann
Handbuch der Färbetechniken.
Anleitungen zum Färben mit
natürlichen und chemischen
Farbstoffen von pflanzlichen,
tierischen und chemischen Fasern
wie Wolle, Seide, synthetischen
Stoffen, Filz und Papier
Bern/Stuttgart/Wien, Haupt, 1993

Mooi, Hetty
350 Knoten
Ravensburg,
Maier, 1984

**Naturführer Bäume und
Sträucher**
München, Orbis, 1994

Ottilinger, Eva B.
Korbmöbel
Salzburg/Wien, Residenz, 1990

Peddigflechten
Ravensburg, Maier, 1970

Peddigrohrflechten
Liestal, Schweizerischer
Verein für Handarbeit und
Schulreform, 1959

Philipps. Roger
Kosmos-Atlas Bäume.
Über 500 Wald- und Parkbäume
Stuttgart, Franckh-Kosmos, 1992

**Roth, Lutz/Kormann,
Kurt/Schweppe, Helmut**
Färbepflanzen - Pflanzenfarben.
Botanik - Färbemethoden -
Analytik
Landsberg, ecomed, 1992

Schenk, Gerd
Peddigrohr (Arbeitsmappe)
Frankfurt,
ALS-Verlag, 1982

Schier, Bruno
Das Flechten im Lichte der historischen Volkskunde
Frankfurt, Schöps, 1951

Schrede, Otto
Fachbuch für Korbflechter
Leipzig, Fachbuch-Verlag, 1955

Schubert, Rudolf/Wagner, Günther
Botanisches Wörterbuch
Stuttgart, Ulmer, 1993

Seidel-Gilmann, Rachel
Korbflechten
Bonn, Hörnemann, 1979
(als TB Ravensburg, Maier, 1982)

Seiler-Baldinger, Annemarie
Systematik der textilen Techniken
Basel, Wepf, 1991

Staniok, Rudolf
Korbflechten
Luzern, Stocker, 1984

Stöckle, Frieder
Vom Korbmacher - wo flinke Hände flechten und formen
Stuttgart, Franckh, 1989

Ströse, Susanne
Werken mit Palmblatt und Binsen
München, Don-Bosco-Verlag, 1966

Valonen, Niilo
Geflechte und andere Arbeiten aus Birkenrindenstreifen
Vammala, 1952

Verdet-Fierz, Bernard und Regula
Anleitung zum Flechten mit Weiden
Bern/Stuttgart/Wien, Haupt, 1993

Will, Christoph
Die Korbflechterei
München, Callwey, 1978

Dona Look, *Basket Nr. 966,* weiße Birkenrinde und Seidengarn, genäht und teilweise umwickelt, 34 x 27 x 27 cm

Anhang E

Verzeichnis der Künstlerinnen und Künstler

Jackie Abrams
Topsham, VT
Seite 20, 61

Sharon Algozer
Claremont, CA
Seite 19, 108

Kate Anderson
St. Louis, MO
Seite 125

Rhonda Anderson
Gray, ME
Seite 40

Darryl und Karen Arawjo
Bushkill, PA
Seite 16, 96

Linda Arter,
Hammond, LA
Seite 98

David Paul Bacharach
Cockeysville, MD
Seite 53, 67

Dorothy Gill Barnes
Worthington, OH
Seite 55

Bonne Jean Bertlshofer
Brevard, NC
Seite 114

Rowena Bradley
Cherokee, NC
Seite 50

Joan Brink
Santa Fe, NM
Umschlagseite
hinten rechts, 87

Clay Burnette
Columbia, SC
Seite 37

Gail Campbell
Bisbee, AZ
Seite 18

Dorothy Chapman
Conehatta Tribal
Reservation, MS
Seite 17

Jill Choate
Talkeetna, AK
Seite 39

Kathleen Dalton
Tellico Plains, TN
Seite 6

Jayne Hare Dane
Heath, MA
Seite 24

Michael Davis
Roswell, GA
Seite 33

Kate Groff Dees
Tarpon Springs, FL
Seite 127

Judy A. Dominic
Harrison, OH
Seite 116, 135

Charlie Dowd
Bakersville, NC
Seite 127

Fred Ely
Interlochen, MI
Seite 56

Linda Farve
Philadelphia, MS
Seite 17

Linda Fifield
McKee, KY
Seite 123, 124

Mary Lee Fulkerson
Reno, NV
Seite 15

Dan Gable
Maitland, FL
Seite 15

Bonnie Gale
Norwich, NY
Seite 12

Molly Gardner
Sun Valley, NV
Seite 106

John Garrett
Albuquerque, NM
Seite 199, 132

Elizabeth Geisler
Sarasota, FL
Seite 31

Ruth Greenberg
Trinidad, CA
Seite 126

Herman Guetersloh
Houston, TX
Seite 43

Ann Hall-Richards
Minneapolis, MN
Seite 77, 126

Johanna Heller
Hammond, LA
Seite 62

Carole und Steven Hetzel
West Palm Beach, FL
Seite 116

Patti Quinn Hill
Weaverville, NC
Umschlagseite hinten
links, 41, 93, 95

Bryant Holsenbach
Durham, NC
Seite 11

Lissa Hunter
Portland, ME
Seite 122

Ferne Jacobs
Los Angeles, CA
Umschlagseite vorn, 23

Vicki Johnson
Sparks, NV
Seite 107

Soho Katsushimo
Kanto Region, Japan
Seite 85

Jimmie Kent
Sneads Ferry, NC
Seite 80

Sheila M. Kind
Gladwin, MI
Seite 40, 101, 114

Sue Kolvereid
Betwyn, PA
Seite 75

Stephen Kostyshyn
Bellaire, MI
Seite 86, 133

Kathleen Peelen Krebs
Berkeley, CA
Seite 121

Marion und Arthur
Landfors
Needham, MA
Seite 65

Patti Lecham
Memphis, TN
Seite 7, 131

KÜNSTLERINNEN UND KÜNSTLER 141

Claudia Leo
Fairfax, VA
Seite 83

Joanna Lindsly
San Francisco, CA
Seite 121

Kari Lonning
Ridgefield, CT
Seite 21

Dona Look
Algoma, WI
Seite 18, 94, 140

Linda Lugenbill
Colorado Springs, CO
Seite 134

Cindy Luna
Millfield, OH
Seite 22

Diana Macomber
Alexandria, VA
Seite 70

John McGuire
Geneva, NY
Seite 1, 19

John McQueen
Saragota Springs, NY
Seite 97

Norma Minkowitz
Westport, CT
Seite 128

Chikuho Minoura
Kansai Region, Japan
Seite 9

Marilyn Moore
Seattle, WA
Seite 68

Jon Morigami
Kyushu Region, Japan
Seite 143

Zoe Morrow
Pennsauken, NJ
Seite 13

Susi Nuss
Bolton, CT
Seite 95, 110

Alice Ogden
Henniker, NH
Seite 26, 63

Joanne Wood Peters
Holyoke, MA
Seite 19

Keith und Valerie Raivo
Brook Park, MN
Seite 29

Ed Rossbach
Berkeley, CA
Seite 2

Betz Salmont
Manhattan Beach, CA
Seite 13

Jane Sauer
Santa Fe, NM
Seite 129, 137

Joyce Schaum
Keymar, MD
Seite 53

Cass Schorsch
Ludington, MI
Seite 113

Elizabeth Whyte Schulze
Worthington, MA
Seite 120

Hisako Sekijima
Palo Alto, CA
Seite 32

Marilyn Sharp
Black Mountain, NC
Seite 76

Norman Sherfield
Sundland, CA
Seite 125, 131

Patti Simmons
Spruce Pine, NC
Seite 51

B. Lee Sipe
Columbia, SC
Seite 121

Karyl Sisson
Los Angeles, CA
Seite 5, 69

John Skau
Archdale, NC
Seite 34, 82, 138

Veronica Stewart
Stevensville, MD
Seite 107

Jin Morigami, Korb ohne Titel, Bambus, Foto: Textile Arts Gallery, Santa Fe, New Mexico

Billie Ruth Sudduth
Bakersville, NC
Seite 8, 17, 42, 44, 46, 47, 54, 57, 66, 72, 78, 84, 88, 89, 92, 100, 111, 115, 117, 118

Tressa Sularz
New Richmond, WI
Seite 71

Polly Adams Sutton
Seattle, WA
Seite 32, 71

Takesonosai
Kansai Region, Japan
Seite 62

Cynthia W. Taylor
Pakersburg, WV
Seite 103

Nadine Tuttle
Reno, NV
Seite 54

Patsy K. Walden
Springfield, MO
Seite 126

Eva Walsh
Winter Park, Fl
Seite 18

Mary Ruth Webb
Green Mountain, NC
Seite 127

Katherine Westphal
Berkeley, CA
Seite 123

Deborah Wheeler
Bakersville, NC
Seite 20

Trevle Wood
Murfreesboro, TN
Seite 109, 136

Aaron Yakim
Parkersburg, WV
Seite 12, 105

Ryuun Yamaguchi
Kyushu Region, Japan
Seite 130

Lee Zimmerman
Royal Oak, MD
Seite 21, 36

Index

Abknicken und Verwahren 27
Anbringen eines Rands 28, 52, 65-67, 82, 96, 113
Ansetzen (Spleißen) eines Fadens 25-26, 60, 65, 92, 96
Aufbiegen eines Korbs 27, 93
Auflagen 115, 117
Ausfüllen bei einem Eierkorb 106
Ausfüllen des Bodens 30
Ausrüstung fürs Färben 34

Bemalen von Körben 115-116, 118
Bindungen 100-101
Böden 20-21, 46-49, 58-50, 71, 73, 79-80, 89-91, 93, 111-112

Calabash-Muschelkorb 44-49, 51-52, 54

Diagonalköperung 17, 20
Doppel- und falscher
Doppelboden 21, 73, 78

Eierkorb aus den Appalachen 98-106
Eindrücken des Bodens 74-75, 81-82
Einfachflechten 16, 20
Einflechten von Flachschienen 75-76
Einseitige Köperung 88-89, 93

Farbstoffe
    chemische 37-40
    lagern 40-42
    Natur- 36-37
    Sicherheitsmaßnahmen 35-36

Fitzen 18, 47, 68-77
Formen 63-65, 94, 106

Henkel 12, 52, 82-86, 112
    spitz zuschneiden 79
Hochzeitskorb 110-114

japanische Flechtart 88-89, 93

Katzenkopf-Wandkorb im Stil der Shaker 56-60, 62-67
Kimmen 18, 68
Knüpfen 120, 125-126
Köpern 17
    einseitig 88-96
    fortlaufend 88-96
    gleichmäßig 79
    Rundenflechten mit 78-82, 84-86
    ungleichmäßig 79, 93
Korb im Kolonialstil 44-49, 51-52, 54
Korbfüße 52
Krähenfüße 30
Kreuzbindung 101-103
Kringel 110-111, 113-114

Lasieren 118

Materialien 10-13
    lagern 15

Nähen 126

Paarflechtung mit Umwicklung 76
Penland-Geschirrkorb 68, 71-76

Randfüller 29
Rippen 22
    primäre 99-100, 103-105
    sekundäre 100, 105-106
Rippenkonstruktion 98-109
Rundflechten 17
Rundenflechten 24-25, 51, 62, 88-96, 112
Rundschienenkrausen 115

Schlag wechseln 25, 80-82
Spalten von Speichen und Staken 60, 80
Speichen 21, 70, 79-80
Spiralen 88
Staken 20, 89

Umkehrköperung 17, 82
Umwickeln 29

Verzierungen 100-119
Vorbereitung des Materials 14-15

Wellenköperung 17
Werkzeug 13-14
Wickeln 121-122, 126-127

Zäunen 16
Zeitgenössischer Katzenkopfkorb 88-94, 96
Zufallsflechten 22